여자를 일으키는 여자들

허사이트 아트그라운딩 시리즈 1

여자를 일으키는 여자들

1판 1쇄 발행 **2023년 4월 14일**

지은이 **이선화, 마민지, 천샘, 김하람, 탁수정, 서경선, 정수빈, 양보름, 송진희, 햄, 이슬비, 이성미, 고주영, 김경진**

기획 **상-여자의 착지술**

제작총괄 **윤단우**
책임편집 **오진달래**
일러스트 **정수빈**
디자인 **ㅈㅈㅅ**
마케팅 **김예빈**

펴낸곳 **로제타**
출판등록 **2010년 9월 29일** (제313-2010-285호)
주소 **서울시 마포구 독막로20길 48, 302호**
전화 **070-4024-2449**
이메일 **hersight.pub@gmail.com**

인쇄·제책 **디프넷**
물류대행 **고려출판물류**
유통대행 **가인플러스**

유튜브 **www.youtube.com/@hersight**
페이스북 **www.facebook.com/hersight**
인스타그램 **@_hersight**
트위터 **@_hersight**

ISBN 978-89-97095-62-9 02600

허사이트는 로제타의 여성주의 출판 임프린트입니다.
her와 sight를 합성한 조어로, 여성의 시선으로 세상을 바라본다는 의미를 담았습니다.

허사이트 아트그라운딩 시리즈 1

여자를 일으키는 여자들

허사이트

차 례

part 2. 바닥을 구르다

애써 버텨 온 몸에 일어난 변화들

part 3. 바닥을 넓히다

너와 나, 우리를 연결하는 것은

서문

능선에서 만난 여자들

"회복은 가파른 직선의 모양이 아니라
완만한 능선의 형태를 띤다."

우리는 각자의 능선을 따라 걷고 있었다. 봉우리를 향하는 등산로가 여러 개이듯이 다른 곳에서 시작해서 걷고 있었다. 걷는 방향은 같았으니 가끔 능선끼리 만나기도 했다. 재판장에서, 시위에서, 그리고 기사 위의 활자로 서로의 존재를 감지하고 있었다는 말이 더 정확할까. 잠시 스쳐 지나가는 걸 제외하면 홀로 걷는 줄 알았던 능선들이 어느 순간 거대한 교차로의 우리가 되었다.

우린 문화예술계 내 성폭력 피해생존자, 연대자이며, 지금은 스스로를 '상-여자'라고 부른다. 상-여자는 한자 '윗 상(上)' 자를 써서 서로 엄지 척을 날려주며 응원하는 모습을 의미한다. 엄지 척을 텔레파시로 간간이 서로에게 날리던 이들이 대면하게 된 계기가 '상-여자의 착지술'이다. 풀려나오는 이야기에 귀 기울여주고, 실없는 농담으로 같이 웃고, 서로의 눈물을 뽑기도 하는 학교 앞의 떡볶이집 같은 시공간이 펼쳐졌다.

상-여자의 착지술은 성폭력 피해생존자에게 필요한 치유 활동을 생존자가 직접 기획해 보자는 의도에서 시작되었다. 상담소와 공공기관이 제공하는 전문적인 치료에는 제도 내에서의 끝이 있다. 그러나 제도가 호명하는 피해자의 정의를 넘어, 이제는 괜찮아졌음을 설명할 언어를 찾아가는 여정에는 약속된 끝이 없다. 그래서 "가해자는 감옥으로, 피해자는 일상으로"라는 구호는 명료하고 묵직하다.

생존자를 이미 짜여 있는 프로그램 속의 참여자가 아닌 프로그램을 만드는 사람으로 세우고자 했던 이유는 성폭력 사건 이후 달라진 몸만큼 달라진 일상에 주목하기 위해서였다. 밥 먹고, 자고, 일하고, 쉬는 리듬을 꾸려가는 데 있어 생존자 한 사람마다의 노하우와 어려움은 무엇인지, 그에 따라 필요한 지지와 자원은 무엇인지 아직 해야 할 이야기가 많았다. 마법 같이 사건이 없었던 때로 돌아가기를 요구하는 목소리는 지금의 성폭력 피해생존자를 지우는 일이다. 전문적 치료는 사건 초기에 빠르게 진행되어야 하고 필요할 시 언제든 개입해야 하지만, 일상을 꾸려가는 몫은 오롯이 생존자 자신에게 있다. 그 몫이 버겁거나 고립감이 느껴질 때 예술이 할 수 있는 일이 있을 거라 예감했다.

일상이 달라졌다고 생존자가 느끼는 건 몸 때문이다. 생존자의 몸은 종종 과거에 붙들린다. 또는 현재가 과거와 다른 맥락을 가진 상황이어도 몸 속에 새겨진 기억이 당시의 감각을 되살리곤 한다. 일상적으로 존재하는 사물, 장소, 말 하나만으로도 몸이 경계 상태가 된다.

경계 상태의 반복은 몸을 상시적인 긴장 상태로 만들어 지금 하는 일에 편안히 집중하는 걸 방해한다. 끼니를 챙기고, 옷을 세탁하고, 집을 청소하고, 잘 자는 일상은 세심한 노동을 요구하기에 당장 몸이 편안하지 않은 상태라면 이를 챙기기 어렵다. 그렇기에 가장 먼저 몸이 편안히 중립적인 상태에 있는 게 우선이다. 이것이 우리의 활동에 '착지술'이라는 이름을 붙인 이유다.

발을 꼼지락거려서 바닥을 느끼고 코로 호흡을 천천히 하는 등의 감각에 집중함으로써 과거가 아니라 현재에 안착한다. 지금 그대로의 몸이 서서히 느껴지면 타인과 나 사이의 거리와 경계를 점검한다. 자기 몸이 설정한 경계 지점은 어디까지인지, 어떨 때 불편했는지, 어떤 제스처로 불편을 표현했는지 탐구하며 현재에 단단하게 착지한다. 반복되는 착지도, 매주 만나는 사람들과도 익숙해지면 여기서 더 나아간다. 한쪽은 현재에 뿌리내린 상태로 과거와 미래에도 살짝 내디디며 함께하는 착지를 마무리한다.

움직이고, 이야기 나누고, 그리고, 만들고, 책을 뒤적이는 과정이 특정 대상자에게 예술 프로그램을 제공하기 위해서만은 아니었다. 예술 프로그램 기획에 참여하는 생존자에게는 일상 회복을 위해 자신에게 필요한 자원을 탐구하며, 동시에 사회적으로 연결된 감각을 회복하는 과정이 되길 바랐다.

상-여자의 착지술은 예술 프로그램을 만드는 노동이다. 단순히 사업의 형태를 띠고 진행했기 때문에 이렇게 말하는 건 아니다. 그간 공론화를 결심한 생존자들에게 동기를 물었을 때, 공통적인 대답 중 하나는 "나 다음에 다른 피해자가 없도록"이었다. 사건 해결과정뿐만 아니라 일상 회복에 관한 생존자의 목소리도 평등하고 존중받는 사회를 만드는 공익적인 역할을 한다는 걸 당사자가 직접 느끼기를 바랐다.

정해진 시간과 장소에서 프로그램을 함께 만드는 노동으로써 당신의 자리가 이 사회에 있다고 느낄 수 있기를 바랐다. 일로 존재의 쓸모를 판단하려는 무례한 세상에서 일이 주는 긍정적인 소속감, 관계망을 누릴 수 있기를 바랐다. 괜찮지 않으면 괜찮지 않은 대로 각자가 할 수 있는 만큼의 역할을 찾는 데 상-여자 팀원들이 매 순간 고심했던 이유다.

완성된 프로그램에 참여하는 생존자에게는 전문적인 상담 외에 다른 형태의 사회적 자원과 지지를 예술로 제공하고자 했다. 결국 프로그램을 만든 사람과 만들어진 걸 경험하는 사람 모두에게 연대의 고리가 넓어지는 경험을 제공하고자 했다. 저 멀리 다른 능선을 따라 움직이는 불빛이 당신은 결코 혼자가 아니라는 신호로 읽혔으면 했다.

연대의 고리를 서울에만 한정하지 않고자 2022년에는 부산과 전주에서 프로그램을 이어갔다. 2016년 이후 전국적인 미투 운동으로 여러 예술인단체와 연대 단위가 생겨났고 그들의 안부가 궁금하던 차였다.

한 시기의 고소·고발과 제도 변화가 지나간 후, 변화한 것만큼 변하지 않은 것도 많았다. 힘을 끌어모으고 재빠르게 움직이던 시간 이후의 숨 고르기가 필요함에도 2차 가해와 백래시, 새로운 사건들이 뒤이어 발생해 활동했던 사람들에겐 괴로웠던 시기였다.

서울보다 더 적은 인원으로 반성폭력 운동을 펼쳐 온 지역에서는 이 반작용과 소진이 크게 느껴지지 않을지 걱정되었다. 의료, 교육, 문화예술, 그리고 운동까지 서울에 과집중된 한국사회에서 미투 이후를 말할 때도 서울을 중심으로 말하고 있는 건 아닌지 의구심이 들었다.

예술인단체와 상담소의 열성적인 협력으로 찾아간 전주, 부산에서 미투 이후보다 미투 중인 사람들을 더 많이 만났다. 사전 인터뷰에서 하나 건너면 아는 사람인 지역 특성상 프로그램에서 아는 사람을 만날까 두렵다고 말할 정도로 참여 자체에 큰 용기가 필요한 상황이었다.

그런데도 어렵게 모인 첫 시간부터 이야기가 거침없이 이어져서 가슴 한복판이 뜨거웠다. 이 자리가 얼마나 필요한지 몸으로 말해준 건 항상 참여자들이었다. 비록 우리도, 우리의 프로그램도 잠시 머물다 가는 객일지라도 헤어질 때는 먼 곳에서나마 서로를 응원하자는 또 다른 연대를 다졌다.

세움 받기와 세우기

온몸으로 부딪쳐 싸우기를 선택한 사람에게는 결말이 어떻든 내상이 남는다. 피해자, 연대자, 생존자, 활동가 등의 다양한 이름과 위치에서 애쓴 결은 다를지라도 싸움과 거리 두고 쉬어야 하는 시기가 찾아온다. 즉 내상을 치유하기 위해 잠시 물러날 필요가 있다. 홀로 싸우지 않아야 하듯이 치유 역시 곁이 필요하다.

고생했다고, 쉬고 싶은 만큼 쉬라고,

회복된 후에 다시 연대하면 된다고 다독여 줄 이가 있다면 치유의 시간이 든든하고 외롭지 않다. 이를 한 팀원은 '뒤에서 붕대를 감아주는 사람들'이 필요한 거라고 말했다. 앞장서서 말하고 행동하는 자리에 여러 이유로 있기 어려운 이들에게 괜찮다며 같이 숨쉬기부터 하자는 게 바로 상-여자의 역할이 아닐까 생각했다.

싸움이 첨예하게 일어나는 곳을 둘러싸고 사방으로 몇 겹의 사람들이 서로를 떠받치고 있다. 이것이 가능하다면 누구든 믿고 맡기고 언제든 잠시 숨 쉴 구멍을 틔우는 시간을 가질 수 있다. 하나의 연대가 모든 걸 짊어지는 게 아니라 뒤와 옆에서 서로 돌봄을 실천하는 '연대의 연대'의 몫을 해나가는 사람들이 묵묵히 있었고, 그 역할을 상-여자의 착지술도 이어가고 있다.

상-여자의 착지술 프로그램이 만들어지기까지 여러 사람에게 잘 기댔다. 연구·개발하는 과정에서 자신의 이야기를 들려준 치료 전문가,

동료 예술가, 비평가, 꼼꼼하고 열성적으로 자문해주신 김동심 님, 김유진 님, 세심한 피드백을 들려준 파일럿 워크숍 참여자들까지 그간의 궤적을 살펴보면 우리 역시 많은 연대를 받았다. 주거니 받거니 하며 나눈 연대가 연습실 바깥으로 이어지길 바라며 이 책을 기획했다.

팀 안에서 서로를 향한 지지와 응원이 프로그램 참여자에게로 향했음을 기억하고, 프로그램을 통해 직접적으로 만나지 않았더라도 연대의 토대를 얼기설기 같이 쌓아가는 동료 예술가, 활동가 모두를 상-여자라고 부르기 위해서이다.

상-여자의 착지술은 공공예술로 진행되었다. 공공예술은 시대에 따라 그 정의가 변하고 있다. 오늘날의 정의는 양적으로 많은 시민과 교류하는 걸 목적하기보다 그간 '공공'이라는 정의에서 배제되거나 세심히 고려되지 않았던 시민들의 이름을 하나씩 온전히 부르는 예술이라고 생각한다.

우리는 성폭력 피해생존자인 시민들을 초청하여 그들의 이야기를 펼칠 수 있는 안전한 공유지를 예술로 만드는 걸 시도했다. 그 공유지가 어떤 고민과 부침을 통해 만들어졌는지, 초청받은 사람들은 어떻게 느꼈는지, 마지막으로 다른 형태로 공유지를 만들고 가꾸어가는 사람들의 이야기까지 상-여자의 목소리를 확장하려고 한다.

책 1부는 상-여자의 착지술 팀원의 이야기를 담는다. 각기 다른 예술 장르와 활동 경험을 가진 이들이 모여 프로그램을 만들면서 고심했던 부분, 생존자로서 프로그램 기획 과정에 참여하며 발견했던 생각을 담고자 했다. 영화, 만화, 무용, 문학, 미술이라는 다양한 장르 간의 협업, 그리고 생존자와 연대자가 섞여 있는 팀의 특성상 팀원 각자의 교차하고 어긋나는 목소리를 그려내고자 했다.

2부는 부산, 전주, 서울에서 참여했던 참여자와 협력단체 활동가의 목소리를 담았다. 참여자의 후기가 행여 독자에게 자화자찬으로 비칠까 봐 걱정된 게 사실이다. 그러나 프로그램 종료 후 참여자가 어떤 일상을 살아가고 있는지, 상-여자의 착지술이 그의 삶에 어떤 파동을 남겼는지 듣고 싶은 욕구가 컸다. 현실적인 제약 속에서 닿지 못한 이야기가 있다면, 진행이 바빠서 세심히 살피지 못한 이야기가 있다면 듣고 싶었다.

각 지역에서 연대자, 지원자로 활동하는 활동가의 이야기는 미투 이후 서울을 제외한 다른 지역의 사회문화적 상황이 치유를 도모하는 예술 프로그램과 어떻게 맞물렸는지 듣고자 했다. 프로그램을 진행하는 짧은 시간 동안 느낀 결로는 각 지역에서 운동의 터전을 지키는 사람들의 고민과 전망을 충분히 나누지 못한 게 아쉬웠다. 미투 이전과 이후를 통틀어 많은 사람이 활동에 뛰어들었고 운동의 세계를 넓혀 왔다는 걸 다시 기억했으면 한다.

3부에서는 상-여자라고 부르고 싶은 동료 예술가가 자신의 자리에서 펼쳐 온 예술세계의 경험을 나눠주길 부탁했다. 예술인 권리를 외치는 일을 이어가는 이도, 다양한 시민의 목소리가 담기는 예술 형식을 고민하는 이도, 상-여자를 우리와 다르게 풀이하여 활동을 펼쳐 온 이도 있었다.

예술과 활동의 경계를 오가며 예술의 범위를 넓히는 시도와 예술가 자신의 노동과 존엄을 살피는 일은 전혀 다르지 않다. 예술이 평등한 세상을 꿈꾼다면 폭력을 방치하는 건 있을 수 없다. 존엄이 지켜지지 않는 노동으로 만들어내는 예술은 중단할 수 있어야 한다. 이런 방향성을 만들어 온 동료들이 예술계 현장에 있었기에 상-여자의 착지술도 마음껏 뛰놀 수 있었다.

신당역에서 스토킹 피해자가 살해된 사건,

여성가족부를 폐지하려는 움직임, 그리고 이태원 참사까지 애도와 사회적 트라우마를 진지하게 고민하지 않는 사회를 목격한다. 그동안 무엇이 변했는지 체감이 안 됨에도 피해자 권리 보호와 재발 방지 대책을 만드는 싸움 속에서 버틴다는 건 종종 피곤하고 서럽고 힘든 일이다. 연대는 매끄럽지 않고 새로운 문제는 이전의 문제 위로 새롭게 쌓여간다. 무해하고 걱정 없는 표정으로 거리에서 새해를 맞이하고 싶었지만, 오늘도 거리에서 한잠을 자며 외치는 이들의 한기를 느낀다. 다들 어떻게 버티고 있는 걸까.

일으켜 세우는 행위는 한쪽이 열심히 잡아당긴다고 해서 가능하지 않다. 서고자 하는 의도를 가진 사람 하나, 일으켜 세우는 걸 도울 사람 하나가 있어야 한다. 그리고 서로의 몸과 힘을 접촉해서 협력할 때야 비로소 일으켜진다. 한 사람의 안에서 샘솟은 힘이 다른 몸으로 흘러 들어간다. 여러 사람으로부터 받은 힘이 아주 얇게 쌓이다 보면 어느 날 몸 속에 힘이 조금 차 있을지 모른다. 차올라 넉넉해진 힘은 또 다른 몸들에게로 슬쩍 흘러갈 것이다.

내어주면서 동시에 받는 세계, 지켜주면서 동시에 지킴을 받는 세계. 욕심내도 된다면 웃으면서 꿈꾸고 싶다. 불협화음을 똑바로 마주하며, 울고 웃으며, 할 수 있는 만큼 바지런히 움직인다. 잠시 앞장서지 않더라도 괜찮다. 우리는 앞에서든 뒤에서든 옆에서든 서로를 지켜봐줄 것이다. 다만 우리는 웃는 일을 많이 만들면서 지켜봐주기로 했다.

망하거나 실패해도 같이 세상을 향해 실컷 비웃어주고 맛있는 걸 먹으러 가자.

2023년 봄
저자들을 대표하여

이선화

part 1

바닥을 다지다

현실에 안전
하게 착지하
기 전에

© 권혜린

불행한
시선이 잇는
역사

이선화(자청)

"최종 목표는 동일하다. 행복한 결말에는 늘 정확히 그 당시 사회가 요구하는 몸을 갖는 과정이 담겨 있다. 그런 몸을 갖지 못한다면 그 이유는 전적으로 개인의 잘못이지 사회는 아무 잘못이 없다."

『휠체어를 탄 소녀를 위한 동화는 없다』(180쪽)

나는 '치유'를 옆에 두길 오랫동안 망설였다. 예술 행위에서 오는 치유성은 쉽게 받아들일 수 있었다. 내가 작은 아이였을 때, 끓어오르는 분노로 목소리가 나오지 않으면 그림을 그렸다. 끝없이 떨어지고 싶은 마음을 종이에 쏟아내면 차분해졌다. 마음의 일부가 그림으로 옮겨 가서 생긴 빈 곳에 다른 걸 채울 수 있을 듯했다.

반면 예술로 치유를 도모한다는 말은 불편했다. 가장 먼저는 일시적으로 해소된 마음으로는 근본적인 해결은 요원하다고 생각했다. 고통, 고민을 사람들과 나눠도 결국 그 상황을 바꿀 수 있는 건 자신밖에 없다는 "인생 결국 혼자 사는 거다"는 식의 비판은 아니었다.

자본주의 비판, 페미니즘을 공부한 후로는 개인의 고통이 어디서 왔는지 물으면 사회경제적 문제가 자연스럽게 연결되었다. 문제를 해결하거나 바꿀 수 있는지 골몰하면, 사회가 깊게 연결되어 있다는 사실에 먼저 화가 났고, 그다음에는 어디부터 해결해야 할지 막막했다. 막막할지라도 고통의 표면이 세상과 맞닿아 있다는 건 분명했다. 문제는 내가 아니라 세상이었다. 그런데 치유는 그 초점을 다시 자신에게로 향하게 했다. 기껏 벗겨낸 자책이라는 껍데기를 주섬주섬 다시 입고 싶게 만들었다. 치유해야 하는 대상은 엄밀히 말하면 사회가 아니냐는 말이 내 안에서 쏟아졌다.

페미니즘은 내가 여자애답지 못한 건 나답기 위해 분투한 역사라는 다른 이야기를 들려줬다. 야밤의

산책을 즐기는, 화장하지 않는, 혼자 훌쩍 여행을 떠나는 사람인 나라는 존재가 그대로 괜찮다고 말해줬다. 그 응원이 나의 관계, 말, 그리고 서 있는 자리까지 바꿨다.

그래서 여성을 향한 편견과 차별을 날날이 알아갈수록 나에게 '정상적'이라는 말은 조심스럽게 사용해야 하는 말 중 하나가 되었다. 내가 듣기 싫은 말은 남에게도 하면 안 되는 게 상식이다. 정상과 비정상이라는 두 개의 덩어리로만 세상을 해석하라는 주입식 교육의 때를 벗기는 일은 여전히 진행 중이다. 그래서 요즘도 종종 이불 속에 숨고 싶다. 과거에 엿 먹이고 싶은 사람에게 성차별적인 말을 했던 경험과 비슷한 실수를 떠올릴 때면 말이다.

실수가 사라지지 않듯이 고통과 상처도 완전히 사라지지 않는다. 그럼에도 사람들은 종종 치유와 회복을 말하며 그 고통과 사건이 없던 상태에 다다를 수 있다고 가정한다. 이는 사회가, 타인이 견딜 수 있는 만큼의 존재가 다시 되라는 의미이기도 하다.

성폭력 피해자의 몸, 질병과 더불어 살아가는 몸을 향한, 언제 그 상태가 끝나냐는 질문이 그러하다. 아프고, 예민하고, 양해를 구하는 존재가 일시적이라 말할 때, 치유와 회복은 그렇지 않은 존재를 정상-기본값으로 설정한다. 나는 이전으로 돌아가는 것이 가능하지 않다는 걸 잘 알기에 그 말이 달콤하다는 걸 안다. 그 달콤함에 나도 가끔 빠져서 허우적댄다는 걸 안다.

과거와 현재, 그리고 미래에 시선을 둔다고 했을 때, 사회는 보통 사람들의 시선이 미래를 향해 있기를 바란다. 지나온 것과 지금 지나치는 건 바꿀 도리가 없으니 다가오는 게 좀 더 낫기를 바라는 마음일 거다. 특히 트라우마를 일으키는 사건이라면 시선을 두고 싶지 않은 게 당연한 반응이다. 오늘과 내일을 잘 살아내서 그 무게로 과거를 덮어버리고 싶은 욕망이 올라온다. 지나온 것만 보이지 않는 눈가리개를 스스로 쓰고 싶은 마음이다.

상-여자의 착지술 파일럿 프로그램이었던 '헐렁한 우정'을 만들면서 내 안에도 그런 욕망이 있음을 다시 깨달았다. 헐렁한 우정을 말 그대로 프로그램 안에 녹여내느라 그림책을 개발할 때였다. 처음에는 주인공이 주위로부터 지지받는 이야기로 구상했는데, 나는 무엇이 부족한지 고민하다가 주인공이 다른 존재로 변화하는 이야기로 바꿨다.

파일럿 워크숍에서 이 프로그램을 진행하며 참여자들에게 "왜 변화해야 하는가?", "변화가 항상 긍정적인가?"라는 질문을 받고 나서야 나는 내가 정상성의 덫에 또 빠졌음을 인식했다. 은연중에 참여자가 변화를 원한다고 가정한 것도 잘못되었지만, 변화해야만 살아가기 편할 거로 생각했다.

문제의 핵심은 몸이 편안한 상태에

집착하다가 질병도, 불편함도 느끼지 않는 무엇이든 가능한 몸으로의 변화를 상상했다는 점이었다. 외상후스트레스장애를 겪는 사람은 진단명과 상관없이 사회적으로 장애를 겪을 수 있다. 성폭력 피해자가 이전과 달리 왜 복잡한 업무에 집중할 수 없는지, 심한 건망증으로 힘들어하는지, 소리와 움직임에 과하게 놀라는지 이해하지 못하는 노동 환경이 일반적이라면 피해자는 고용에 있어서 장애를 겪을 수밖에 없다. 장애학에서 사회가 장애를 만든다고 말하는 이유이다. 성폭력 피해자의 몸 자체가 아닌 그를 불가능한 몸으로 만드는 사회를 질문거리로 만들어야 하는 이유다.

몸의 변한 부분도 변하지 않은 부분도 평가하지 않고 골고루 존재함을 인정하려면, 과거를 다뤄야 한다. 사건이 포함된 과거를 언급하지 않고 뛰어넘어 바로 현재나 미래에 도착할 수는 없다. 사실 과거를 함께 꺼내고 이야기를 나눈다는 게 두렵고 자신 없었다. 치유란 과거로부터 시선을 거두는 게 아니라 과거를 다른 각도에서 볼 수 있는 힘을 기르는 걸까? 사건을 수십 번 잘근잘근 씹고 뱉을 힘을 기르는 거라면, 결국 과거로 한 번쯤은 향해야 한다. 안전하게 과거를 다루는 일을 예술이 해낼 수 있을지 망설임이 컸다. 그래도 꼭 해내야 하는 일이었다.

개발 초기에는 과거, 현재, 미래를 일직선으로 연결해서 각자의 경험을 살펴보도록 제안했다. "과거, 현재, 미래라는 시간성이 뒤죽박죽일 때가 많은데 순차적으로 하는 게 맞을까?" 한 팀원의 피드백이었다. 머릿속이 시원해졌다. 맞다. 우리는 미래를 걱정하면서 갓 뽑은 맛있는 커피를 식히기도 하고, 현재에 우연히 마주친 사물 하나, 말 하나에 과거로 이동되어 고통받기도 한다. 과거의 서랍이 덜컥 열려서 머릿속의 정리 기준이 믿을 만한지 의심하기도 한다.

이런 상황을 고려하면 과거에서 미래까지의 순서가 아니라 참여자마다 다르게 느끼는 시간성을 표현할 수 있는 방식이 필요했다. 또한, 순차적일 것으로 기대되는 시간성을 흩뜨려 놓음으로써 정상성을 다시 획득해야 하는 방식으로 몸의 이야기가 구성되는 위험도 피할 수 있을 거라 기대했다. 왜 아직도 힘들어하냐며 아무 문제없이 살아가는 몸을 기본값으로 설정한 사회적 틀에 저항하고, 사건으로부터 치유까지의 과정을 몸으로 통합하는 과정을 상상했다.

여기에 하나를 더 얹은 게 시선이었다. 본다는 건 보이는 대상으로부터 바깥에 있다는 것이다. 즉 대상과 보는 주체 사이에는 거리가 있다. 이 거리감은 대상이 사물일 때는 역동이 적지만, 대상 역시 시선을 가진 존재라면 복잡해진다. 시선을 가진 두 명 이상의 존재가 만났을 때, 양자 사이의 거리는 존중과 협의를 통해 결정되어야 모두 안전할 수 있다. 상대의 거리감을 무시하고 시선이 불쑥 들어온다면 폭력적인 상황이다.

폭력이란 타자의 영역을 동의 없이 침해한다는 의미로 이는 시선에서도 마찬가지다. 폭력이 벌어졌을 때 대상화되는 감각을 느끼는 이유는 나와 세상 사이의 입체적인 거리감을 상실하고 평면적인 존재가 되기 때문이다. 나를 둘러싼 다양한 사물이 적정한 거리감을 가지고 있으면 잘 보이지만 눈앞으로 확 다가오면 어두운 색덩어리로 보이는 현상과 비슷하다.

성폭력 피해생존자 대상의 프로그램에서는 참여자의 동의를 묻고 확인하는 과정이 특히 중요하다. 성폭력 피해란 생존자의 생각, 감정이 존중받지 않는 경험이기에 그가 존중받아야 하는 사람이며 동시에 그 스스로 선택하고 결정하는 힘이 있음을 반복해서 이야기한다. 마찬가지로 참여자가 시선의 주체임을 다시 돌려주고자 했다.

시선을 가진 두 명 이상의 존재가 만났을 때, 양자 사이의 거리는 존중과 협의를 통해 결정되어야 모두 안전할 수 있다.

상대의 거리감을 무시하고 시선이 불쑥 들어온다면 폭력적인 상황이다.

폭력이란 타자의 영역을 동의 없이

침해한다는 의미로 이는
시선에서도 마찬가지다.

폭력이 벌어졌을 때
대상화되는 감각을
느끼는 이유는 나와
세상 사이의 입체적인
거리감을 상실하고
평면적인 존재가 되기
때문이다.

과거와 현재의 수많은 나 사이에서 어떤 걸 보고 느끼는지 말할 수 있는 건 오직 나뿐이다. 시선을 가진 존재와 마주쳤을 때 어느 정도의 거리감을 가질지 결정할 수 있는 것도 오직 나뿐이다.
성폭력 피해자를 향한 사회의 시선이 얼마나 많은 2차 가해를 만들어내는지 알기에, 참여자의 눈이 주체적으로 뻗어나가고 다른 시선과 안전한 거리감을 잘 확보할 수 있는지가 더욱 중요했다.

나는 치유라는 단어를 폭력적으로 써 온 긴 역사를 안다. 요즘 세상에 정상성을 회복하는 방식으로 치유를 말하는 사람이 어디 있어!라고 누군가는 반문할지도 모른다. 놀랍게도 그런 말을 하는 사람들이 아직도 있다. '동성애 전환 치료'라는 이름으로 행해지는 반인권적인 행위가 그러하다. 동성애가 질병의 범주에서 사라진 지 곧 50년이 된다는 사실을 기억하자. 장애인을 포함한 만성 질병과 더불어 살아가는 이들은 언젠가 나을 거라는 말을 격려의 의미로 듣는다.

뉴스 포털사이트에서 극복의 대상이 아니라는 기사 제목이 몇 개인지 세어보아라.

그럼에도 내가 치유를 예술 옆으로 데려올 수 있었던 건, 역설적으로 우울과 고통이 가진 힘 때문이었다. 피해생존자의 깊은 우울과 고통이 열어가는 다른 감각 때문이었다. 폭력은 몸과 세계를 뒤흔든다. 폭력이 지나간 자리를 치유하는 여정에서 몸과 세계는 뒤바뀐다. 깊은 절망감과 불쾌감이 뒤섞인 가운데에서 살아남은 이들에게 치유란 이전으로 돌아가는 걸 의미하지 않는다. 이 세상에서 버려야 하는 목록을 한탄과 절망으로 또박또박 말하는 용감함이 치유다. 나의 예술이란 이것에 기대는 연약한 것일 수도 있다.

> "가능한 것을 상상하면서, 아직 존재하지 않는 것을 상상하면서, 우리는 미래에 예스라고 말한다. 이 예스 안에

미래의 내용이 주어지는 것은 아니다. 미래가 고통의 극복으로 상상되는 것도 아니다. 미래가 행복으로 상상되는 것도 아니다. 미래는 사물들이 현재 상태로 머물러 있지 않을 가능성, 지금 그대로 존재하지 않을 가능성으로 열려 있다. 혁명가들은 꿈을 꿔야 한다. 만약 그들의 상상력이 사물이 유지되는 방식 속에 내재된 불의를 파고든다면, 그들은 지금 그 상태로 살 순 없을 것이다."

『행복의 약속』(355쪽)

우리의 영화 만들기

마민지(마밍)

다큐멘터리를 만드는 나는 영화계 내에서 성폭력 피해를 여러 차례 경험했다. 성추행부터 그루밍 성폭력, 데이트 강간까지 가해의 종류도 가해자의 유형도 아주 다양했다. 나에게는 유쾌하고 당찬 신진감독으로서의 면모가 있는가 하면, 한편으로는 성폭력 피해생존자라는 정체성이 마음속에서 부대꼈다.

다섯 명 이상의 영화인이 모이는 자리에 갈 때는 가해자가 나타날까 봐 두려워하며 항불안제를 꼭 챙겨 먹었다. 특히 신체적 트라우마가 강한 사건일수록 입 밖으로 말하기를 꺼렸다. 영화제 수상자 명단에서 가해자의 이름을 발견하거나 SNS에서 가해자의 소식을 듣는 날이면 며칠을 악몽에 시달렸다. 한국영화성평등센터 든든에 신고하기도 했지만 가해자에게 해코지를 당할까 봐 사건을 진행하지는 않았고 접수하는 데서 그쳤다.

나를 '생존자'로 명명하기까지 수년의 시간이

걸렸다. 장편 데뷔작인 〈버블 패밀리〉를 완성한 후로 나는 한동안 우울증 치료에 전념했다. 우울증이 있다는 사실을 인정하고 나니 한동안 마음이 평온해졌다. 하지만 우울증은 나를 적확하게 해석할 수 있는 언어가 아니었다.

이 모든 문제가 어디에서부터 시작된 것인지 알고 싶었다. 내 마음속에 흐트러져 있는 수백 개의 퍼즐조각을 들여다보며 끼리끼리 분류하고 하나씩 이름을 붙여주는 작업이 필요했다. 첫 번째 조각은 성폭력 피해, 두 번째 조각은 트라우마…….

나의 우울증을 둘러싸고 있는 가부장제 사회의 지형도를 확인하고 나서야 나에게 큰 영향을 미쳤던 사건들을 언어화해 나갈 수 있었다. 친밀한 관계에서 일어난 사소하고 '이상한 일'들은 사실 신체적, 정신적 폭력이었음을, 커다란 '사건'이었음을 말이다. 이렇게 마음을 관찰하며 적은 노트가 하나둘 쌓여가는 동안 당연하게도 영화는 찍을 수가 없었다.

상-여자의 착지술 팀원들을 만났을 때쯤, 나는 비로소 “저는 다큐멘터리 감독이고 성폭력 피해를 경험한 생존자입니다”라고 나 자신을 소개할 수 있게 됐다. 생존자라는 단어를 말할 때마다 심장이 두근거렸다. 하지만 해방감이 더 컸고, 이내 안도감이 밀려왔다. 나에게 성폭력 피해는 실제로 일어난 사실이지만, 나는 지금 여기에 살아남아 있다고 선언을 하는 것 같았다.

나는 상-여자의 착지술 기획 초기 단계에서부터 이 과정을 영화로 잘 담아내야겠다고 생각했다. 문화예술계 내에서 각자의 방식대로 싸워 온 우리들이 ‘사건’ 이후 이전과는 달라질 수밖에 없는 삶을 어떻게 함께 재건해 나가는지 지켜보고 싶었다. 매주 프로그램 개발 회의를 카메라로 기록했다. 영화의 제목은 〈착지연습〉으로 땅에 발을 딛고 있는 것을 느끼며 ‘지금 여기’로 돌아오는 트라우마 안정화 기법 중 하나를 뜻한다.

팀원들은 모두 각자의 예술매체를 매개로 프로그램을 개발해 나갔다. 나는 생존자이자 관찰자이지만 프로그램의 기획자이기도 했기에 나의 영화 촬영과는 별개로 영화를 매개로 하는 치유 프로그램을 만들어야 했다.

팀원들은 종종 "마밍은 영화로 어떤 프로그램을 만들 거야?"라고 물었고, 나는 정확하게 답하지 못했다. 마음속 깊숙한 곳에 외면해 왔던 퍼즐조각 더미가 스포트라이트를 받는 순간이었다. 모든 팀원들이 자신의 프로그램을 완성해가는 동안 나는 유일하게 프로그램을 개발하지 못한 사람이었다. 심지어 영화 역시 갈 길이 멀었다.

영화를 만드는 '과정'이 성폭력 피해생존자에게 어떤 도움이 될 수 있을까? 이 질문과 함께 한 발자국 앞으로 나아갔다가도 두 발자국 뒷걸음질쳤다. 영화를 만드는 일이 정말 그 어떤 쓸모도 없을까 봐 두려웠다. 내 마음이 무의식적으로 자꾸만 영화와 충돌하는 것 같았다. 그도 그럴 것이 나에게 벌어진 성폭력 피해는

죄다 영화와 관련이 있었다. '영화 만들기'라는 과정이 안전하지 않다는 것을 십여 년 넘게 체득해 온 셈이었다. 영화를 만들다가, 영화제 기간 동안, 영화학교 안에서 경험한 트라우마가 몸에 쌓여 있었다. 영화를 만들기가 무서웠다. 그럼에도 나는 영화를 사랑했다. 이 과정을 잘 기록해 영화로 만들고 싶었고, 프로그램에서는 영화를 통해 다른 생존자들을 만나고 싶었다.

나는 출연자인 상-여자의 착지술 팀원들에게 끊임없이 질문하는 사람이 되었다. 영화에 출연하는 것이 괜찮은지, 촬영 중 카메라의 시선이 불편하지 않은지, 영화 만들기라는 행위가 출연자의 삶에 어떤 도움이 되고 있는지, 영화를 찍는 과정에서 혹시 해보고 싶은 게 있는지, 이 영화가 만들어졌을 때 어떤 사람들과 함께 보고 싶은지 말이다.

영화를 최종적으로 잘 완성하는 것은 감독의 중요한 책무이지만 영화 만들기라는 과정 자체가

상-여자의 착지술
프로그램을 진행하면서
문득 깨달은 점은
회복의 능선에서 적절한
치료와 주변 사람들의
돌봄과 같은 다양한
의료적, 사회적 자원이
필요하지만, 결국
착지를 향해 도약할 수
있는 힘을 가진 사람은
생존자 자신이라는
것이었다.

우리는 서로가 서로의
과정을 동행하는
사람이지 서로의
자리에서 대신 도약을
해줄 수는 없다. 그리고
그 힘은 오랜 시간
자신에게 내재되어
쌓여가는 것이지
어느 날 갑자기 밖에서
오는 것은 더욱더
아니었다.

출연진들에게 안전하고 재밌으면 좋겠다는 것이 나의 우선 원칙이 되었다. 안 그래도 골치 아픈 각자의 인생이 있는데 영화를 찍는 것마저 머리가 아파서는 안 된다고 생각했다.

그렇게 느슨하게 3년여에 걸쳐 촬영을 이어 왔다. 돌이켜보면 영화 매체에 대해 고민하고 영화 연출의 방법론을 찾아 헤매 온 시간들은 내 안의 트라우마를 마주하는 과정이었다. 영화인으로서 앞으로 어떻게 하면 계속 예술작업을 해나갈 수 있을지 답을 찾아 헤매는 것 같았다. 그 답을 찾아야 나 역시 온전히 착지할 수 있다고 믿으면서 말이다.

아직 영화를 매개로 한 치유 프로그램을 완성하지 못했고, 영화 <착지연습>도 제작 중에 있다. 영화 만들기가 나에게 어떤 새로운 의미를 가질 수 있을지는 여전히 오리무중이다.

상-여자의 착지술 프로그램을 진행하면서 문득

깨달은 점은 회복의 능선에서 적절한 치료와 주변 사람들의 돌봄과 같은 다양한 의료적, 사회적 자원이 필요하지만, 결국 착지를 향해 도약할 수 있는 힘을 가진 사람은 생존자 자신이라는 것이었다. 우리는 서로가 서로의 과정을 동행하는 사람이지 서로의 자리에서 대신 도약을 해줄 수는 없다. 그리고 그 힘은 오랜 시간 자신에게 내재되어 쌓여가는 것이지 어느 날 갑자기 밖에서 오는 것은 더욱더 아니었다.

나는 이전에 없던 생존자의 정체성을 가지고 새로운 창작의 영토로 착지하기 위한 연습을 하고 있다. 이 영화 만들기의 과정이 나에게뿐만 아니라 상-여자의 착지술 팀원들에게도 어떤 도약의 발판이 될 수 있기를 바란다. 그렇게 도착한 곳에서 하하호호 함께 스크린 앞에 앉아 울고 웃으며 완성된 우리의 영화를 볼 수 있기를.

신체영도에서 신체주권으로: 해먹 같은 결계에서 단잠 자자!

천샘(나무늘보)

판타지 영화를 보면 '결계'라는 표현이 종종 등장한다. 결계는 특정 구역을 보호하기 위해 쳐놓은 눈에 보이지 않는 가림막의 일종인데, 외부의 침입자가 안으로 들어오려고 하면 결계가 지닌 힘으로 인해 침입자는 튀웅웅웅~ 튕겨져 나간다. 결계를 뚫는 작업은 쉽지 않다. 막강한 도술과 내공을 필요로 하며, 악의 축은 어떻게 해서든 결계를 해체시키고 그 안으로 들어가려고 한다. 따라서 결계를 치는 도사들은 온갖 공력을 다해 눈에 보이지는 않지만 모두를 살릴 수 있는 이 장막을 구축하여 자국의 영토와 하늘과 사람들을 보호한다.

문화예술계 미투 연대 활동가들이 진행하고 있는 안전망 작업, 그리고 상-여자의 착지술에서 예술을 매개로 신체주권의 의미와 쓰임새를 강화시키는 일련의 프로그램은 바로 이 결계를 치는 일에 비유할 수 있다. 눈으로 보이지 않고 칼로 가를 수도 없지만 예술가들이 안전하게 활동할 수 있는 든든한 울타리를 만드는 과정이기 때문이다. 이제는 어엿하게 창작지원사업의 필수 이행 과정으로 자리매김한 성희롱·성폭력 예방교육부터 시카고 시어터 스탠더드(Chicago Theatre Standards)와 예술계 내 행동강령, 그리고 우리가 지난 3년 동안 해 온 피해생존자를 위한 통합예술치유 프로그램까지 결계의 울타리는 하나둘 만들어지고 있다.

'신체주권'이라는 단어를 처음 들었을 때 마치 심장이 사포로 밀리듯 세차게 떨렸다. 당시 나는 무용계 첫 미투 사건으로도 알려진 R모 씨 위력성추행 사건의 법정싸움이 마무리되자마자 숨 돌릴 틈도 없이 앞으로 예술계 현장의 대응방안을 화두로 토론회를 준비 중이었다.[1] 이와 동시에 미투 연대단체들은 행동강령, 창작규약, 안전망 등 새로운 창작환경의 뼈대를 세우기 위한 단어들을 분주히 써내려가고 있었다.

1) '사법적 판단 너머, 무용계는 무엇을 할 것인가', 오롯 위드유 2020 예술현장연구모임. https://www.facebook.com/orotwithyou

당시만 해도 조금은 생경했던 이 단어들은 앞으로 현장 예술가들이 얼마나 자주 사용할지의 여부에 따라 예술계의 어엿한 일원이 되거나 아니면 바람을 타고 잠시 항해하다가 가라앉을 조각배의 운명이었다. 이 단어들은 자신의 생사를 좌우할 시험을 통과하기 위해 작은 돛을 달고 현장의 바다로 나섰고, 나는 토론회를 준비하면서 동료들과 함께 문화예술계에서 앞으로 널리 쓰여야 할 단어들을 차곡차곡 모으고 있었다. 그 과정에서 접한 신체주권이라는 단어는 주로 장애인 인권을 논할 때 사용되었는데, 안무가로서 무용수의 몸이 창작 매개인 내게 벅찬 감동으로 다가왔다.

당시 연대는 R모 씨 위력성추행 사건이 세상에 알려지면서 방청연대가 거듭될수록, 소문으로만 들어 오던 위력의 지형과 무용수의 몸에 대한 존엄의 흔적조차 찾아볼 없는 사건의 현실을 마주하고 있었다. 당시 타들어가던 마음을 써내려간 공연 기획의도를 소개한다.

‘우리는 그동안 여성이자 무용수였고
서로에게는 낯선 섬이었습니다.’

우리는 그동안 여성이자 무용수, 그리고 서로에게는 낯선 섬이었습니다. 우리가 속한 예술생태계의 ‘남동생 업어 키우기 문화’ 속에서 ‘여성 무용수로서의 나’는 늘 뒤로 밀리고, 우리의 신체주권은 헛헛하게 나뒹굴며 세찬 물살에 삼켜져 왔습니다. 작아짐을 강요하는 침묵의 바다에 둘러싸여 동료를 보면서도 홀로인 듯 외로웠던 우리는, 그저 서로에게 낯선 섬이었습니다.

하지만 강요된 침묵의 바다에 언젠가부터 파동이 생기기 시작했습니다. 무섭도록 새카매서 소용돌이로 떨어져도 소리조차 들리지 않았던 억겁의 물결은 출렁이기 시작했습니다. 그렇게 외롭게 떨어진 섬들 같던 너와 나를 저 밑바닥 어딘가부터 연결하던 대지가 모습을 드러내기 시작했습니다.

'너'와 '나'를 연결한 '여성'이라는 그 길을 우리는 이제 걸어보려 합니다. 그리고 축축한 물기를 머금고 질퍽이는 길의 굽이굽이를 조심스럽게 내디디며 묻고자 합니다. 아직 가닿지 못한 그곳, '찬란한 벌판'은 있는가. 더 이상은 '공연의 꽃'이 아닌 '공연을 지탱하는 나무'로 불리기를 원하며, 원초적 야성을 갑옷처럼 장착한 여성 무용가들이 달려가야 할 너른 벌판은 어디인가.

2020년 3월 8일, 세계 여성의 날을 맞아 무용계에서 활발하게 페미니즘을 탐구해 온 여성 무용가들과 함께, 움직임으로 여성들의 신체주권을 되돌아보고자 합니다. 그리고 여성 예술가들이 회복해야 할 너른 대지의 의미를 되새기며 <아직 가닿지 못한 그곳, 찬란한

벌판 >을 꿈꿔보고자 합니다.

숨이 차오를 때까지 춤추고 기뻐하며, 눈물이 마를 때까지 웃고 울며 달리고 싶습니다.
그러다가 함께 세차게 나뒹굴고픈 당신과 나의 그곳, < 찬란한 벌판 > 입니다.[2]

<아직 가닿지 못한 그곳, 찬란한 벌판> 기획의도 중

2) <아직 가닿지 못한 그곳, 찬란한 벌판>(2020) 공연 기획의도, 천샘. https://dancerslounge.tistory.com/440

R모 씨 위력성추행사건에 연대한 무용인들이 주축이 되어 제작된 공연으로 무용계 반성폭력연대에서 활발히 활동한 감성스터디살롱 오후의 예술공방이 주최하였고, 아프리칸댄스컴퍼니 따그의 권이은정(서아프리칸댄스), 툿네트워크의 서경선(현대무용), 성평등작업실 이로의 이산(마임), 바이윤슬의 정혜미(공연예술기획) 등이 합류하였다. 2020년 9월, 사건의 피해생존자 OOO 님을 모시고 진행된 관계자 쇼케이스가 비평가들의 호평과 많은 연대인들의 응원에 힘입어 2021년 여름 아르코예술극장 소극장에서 재연하였다.

*[아직 가닿지 못한 그곳 찬란한 벌판] 홈페이지: https://astonishingground.creatorlink.net

신체주권이라는 단어는 미투를 통해 드러난 쓰라린 현실을 바탕으로 여성 예술가들이 나아가야 할 회복의 구체적인 지점을 제시하고 있었다. 그리고 이 단어는 어느 순간부터인가 내게 빼앗긴 영토를 수복하고 주권을 회복하기 위해 신체영토, 감정주권, 영토의 공유지에서 발생하는 일 등을 구체적으로 정의하여 '신체 움직임을 통한 안전망'을 만들기 위한 밑그림을 그리게 만들고 있었다.

예술가의 신체영토: 움직임을 통한 '안전한 감각'의 회복 가능성

현재 성희롱·성폭력 예방교육은 강의식으로 이루어진다. 강의식 교육이 성희롱·성폭력을 개념적으로 정리하고 각종 선례와 법적 대응 방식을 상세하게 알려준다면, 상-여자의 착지술에서 개발하고 있는 '신체주권 워크숍'은 참여자가 직접 몸으로 움직이면서 본인이 안전하다고 느끼는 공간을 오감으로 탐색하고

주권을 행사할 수 있는 영역을 몸소 탐험해 나가는 프로그램이다. 즉, 오감을 통해 내 몸의 영토를 알아가고 스스로 안전한 경계를 세우면서 타인과 교류할 수 있는 일련의 과정을 단계별로 제안하는 것이다.

피해자의 경우 트라우마로 인해 감각이 무너진 경우가 많고, 몸의 물리적인 경계를 세우는 방어훈련을 하더라도 본인의 감각에 기인한 '알아차림'의 훈련이 병행되지 않으면 스스로를 통합적으로 일으켜 세우기가 쉽지 않다. 즉, 트라우마로 인해 감각의 일부가 제대로 작동하지 않을 경우, 그 오작동의 지점이 스스로를 온전하게 지켜낼 결계를 만드는 데에 걸림돌이 되곤 하는 것이다.

신체주권 워크숍은 여러 시행착오와 보완을 거쳐 '예술가의 신체영토'라는 제목으로 2021년 11월, 예술가들의 오랜 염원이 정신적, 물질적 공간으로 현실화된 대학로 예술청의 개관기념 행사로 선보이게 된다. 몸의 감각을 세분화하는 작업은 집중해 들어가는 만큼 트라우마를 상기시킬 가능성이 있기 때문에 우리는 참여자들이 긴장을 풀고 부담 없이 참여할 수 있도록 놀이적인 접근방식을 택했고, 서울과 전주 그리고 부산 투어를 통해 보다 많은 생존자들을 만나면서 프로그램의 확장 가능성을 탐색하였다.

다만 지난 3년 동안은 전체 투어 기간을 고려해 프로그램을 한 회차에 집약해 실행하였으나, 2023년부터는 개념별로 세분화된 프로그램으로 발전시켜, 움직임을 매개로 내 몸의 영토를 알아가는 시민대상 성희롱·성폭력 예방교육으로 확장할 예정이다.

서울 투어의 마지막 날, 전체 프로그램이 진행된 홍대 앞의 댄서스라운지에서 한 참여자는 이런 이야기를 들려주었다. 피해가 일어난 지역이 홍대 근처라 괴로웠는데, 사건의 기억을 덮을 수는 없겠지만 덕분에 따뜻한 기억도 생긴 것

신체주권이라는 단어는
미투를 통해 드러난
쓰라린 현실을 바탕으로
여성 예술가들이
나아가야 할 회복의
구체적인 지점을
제시하고 있었다.
그리고 이 단어는 어느
순간부터인가 내게
빼앗긴 영토를 수복하고
주권을 회복하기 위해
신체영토, 감정주권,

영토의 공유지에서 발생하는 일 등을 구체적으로 정의하여 '신체 움직임을 통한 안전망'을 만들기 위한 밑그림을 그리게 만들고 있었다.

갈아 숨통이 트인다고. 우리가 하려는 일은 결국 한 인간의 유장한 삶의 역사를 담은 신체영토를 탐험해 숨구멍을 틔우는 과정을 돕는 것이다. 그렇게 숨 쉴 수 있는 틈 하나가 열릴 때 그는 그 작은 공간을 통해 세미한 빛을 감지하고는 다시 길을 찾아 나선다. 제대로 숨을 쉬는 일이야말로 온전한 착지의 시작이다.

성긴 그물에서 다정한 해먹으로: 단잠을 위한 여정에 서서

2020년 여름, R모 씨 위력성추행 사건이 마무리되었을 때 재판의 승소 여부를 떠나 피해자는 결국 무용계를 떠났다. 당시만 해도 여성 예술인들을 보호하는 어떤 안전망도 없었던 이곳에서 피해자는 단지 춤을 사랑한다는 이유만으로 돌아오는 무모한 선택을 할 수 없었다. 햇수로 2년여간 이어진 대법원까지의 법정 공방에서 일말의 여지없이 크게 승소한 것은 사실이지만, 당시 문화예술계는 여성 예술가들이 제대로 자신을 보호할 수 있는 어떤 가벽조차 없는 허허벌판이었다. 그는 이곳으로 돌아오는 것이 상처가 아무는 일이라고 생각하지 않았다.[3]

강원도 산골에서 멍하니 쌓이는 눈을 바라보던 겨울밤, 그는 그동안 버려 온 심경을 녹여낸 춤사위 영상을 내게 보내주었다. 그의 춤은 그 밤의 추위를 잠시 잊게 할 만큼 선연히 아름다웠고, 나는 그를 이해했고, 조금 헛헛했다. 당시 우리에게는 어떤 결계도 없었다.

3) '무대의 재구성: '전사의 땅'에서 돌아본 어떤 '평범한' 용기에 관하여' (<춤인> 2020년 11월호) https://dancerslounge.tistory.com/621

2020년 가을 <아직 가닿지 못한 그곳, 찬란한 벌판> 관계자 쇼케이스의 뜨거운 반응에 힘입어, 무용웹진 <춤인>과 함께 사건의 피해생존자 ○○○ 님의 글을 출연진과 함께 공연 복기 형식으로 기고하였다. 사건 종료 후 피해자의 증발로 마무리되던 무용계에서 피해자의 진솔한 목소리를 담아내었다는 평가를 받았다.

*원문 링크: choomin.sfac.or.kr/zoom/zoom_view.asp?zom_idx=619&div=04&type=OUT

어떻게 피해자가 다시 문화예술계로 안착하도록 도울 수 있을까. 지금 우리가 만들고 있는 이 결계가 아직은 성긴 그물망일지언정, 그럼에도 누군가는 이 그물망을 해먹 삼아 다시 잠을 청할 수 있을 만큼 견고하게 만드는 작업에 답이 있을지 모른다. 결계를 만드는 일은 결국 이 땅에서 돌아선 누군가들을 기억하고 다시 찾아올 이들의 꿈을 흔들림 없이 넉넉하게 담아내는 일이기 때문이다.

예술치료사-연대인의 교차로에서: 치유의 언어 확장하기

김하람(라무)

나는 20대 초반 즈음, 전공을 하기엔 다소 늦은 나이에 무용을 배우기 위해 입문하였다. 당시 나는 새로운 지식과 기술에 적응하기 위해 다양한 몸의 사용법을 체득하려고 몰두했다. 그것은 일종의 기술을 익히는 일이고 몸을 다치지 않고 다루기 위한 기본기를 습득하는 일이었다.

왜 그랬는지 모르지만 무용실에서는 험악한 분위기가 자주 연출되었고, 특히 입시철에는 더 심했다. 함께 연습하는 동료의 몸은 고쳐야 하는 기계마냥 다루어지기도 하였다. 우리의 몸은 전시되듯 보이게 되고, 평가의 대상이 되며, 움직임은 교정되기 바빴다.

그러면서 점차 이때까지 살아 온 내 몸의 감각이나 판단을 믿어서는 안 된다는 인식을 갖게 되었다. 평범히 앉는 자세도 좋지 않은 습관일지 모른다는 가정을 하게 되고 발을 하나 들어도 중심점이나 방향 등이 올바른지 신경 썼다.

나아가 내 일상적 움직임 방식과 정신적

습관까지 점검하며 내 몸을 고쳐야 할 문제 있는 대상으로 삼게 되었다. 나의 움직임을 바라보고 판단하는 주체는 스승 또는 전문가가 되는 게 맞았고, 그가 맞다고 하는 대로 움직이는 게 중요했다. 나는 그래야 내 몸의 나쁜 습관을 고칠 수 있다고 믿었다. 내 몸짓과 표현의 권한을 지도하는 선생님에게 내어드렸다. 몸짓의 권한은 마음의 주권을 내어주는 것이기도 하다.

이후 시간이 지나 나의 춤을 추어야 하는 때가 되었을 때 나는 아무것도 할 줄 모르는 나무토막이 된 듯한 느낌을 경험했다. 무용실을 가로질러 점프를 뛰어야 할 때는 다리를 자르고 싶은 충동이 들기도 했다. 춤이 즐겁기보다 눈치 보는 것이 되었고 보는 이의 기준에 따라 보이기 위해 노력하는 막막한 과업으로 바뀌어 있었다. 마음속은 수치심으로 가득했다. 내 몸의 재료를 혐오하고, 확신할 수 없었으며 주변 환경을 원망하기도 했다.

이와 같은 내 몸과 관련한 왜곡된 판단과 수행의 패턴은 정서적 학대에 대한 반응으로 볼 수 있다. 나라는 한 개인의 발달 과정 안에서 인상 깊게 남아 있는 흔적으로 재발견되고 있으며, 이런 수렁의 경험에서 조금씩 빠져나오는 과정은 지금도 계속되고 있다.

이전에 느꼈던 움직임의 생생한 기쁨, 가치, 살아 있는 기억을 다시금 떠올리기도 하고, 무너진 영역을 다시 추스르는 돌봄의 시간을 갖거나 타인의 온기를 인식하고 누려보는 경험을 하기도 한다. 그리고 새로운 성공의 경험들을 축적하고 나의 가치를 재정의해 본다. 계속되는 삶 속에서 다시, 또다시 만들어보는 것이다. 이러한 다양한 일상의 경험은 나를 일으켜 세우는 지지목이 되고 있다. 그것은 다른 이를 향한 마음으로 확장되며 더 큰 힘을 발휘한다.

지금은 무용, 신체, 움직임 등을 매개로 심리지원 현장에서 일하고 있다. 치료사로서 여러 대상들을 만나며 내담자의 세계를 탐색하고 문제 해결을 위한 다양한 방법을 고민하는 일을 한다.

앞서 서술한 나의 트라우마적인 흔적과 신체적 경험은 무용동작심리치료의 학업을 시작하게 된 동기가 되었으며, 다른 이의 상황과 반응을 이해하고 공명하는 데 큰 도움이 되고 있다. 그리고 신체생리적 관점으로 트라우마를 대하는 접근 방법을 공부하며 '몸'이 갖는 기억과 연결된 심리적, 관계적, 사회적 현상들을 해석하는 연결고리를 다양한 현장에서 배워나가고 있다.

상-여자의 착지술 팀과의 만남도 그 연장선으로 다가온 소중한 기회였다. 이 팀의 특이성은 예술가, 연대자, 성폭력 피해생존자들이 함께 모여 있다는 점이다. 이것은 나에게 매우 인상적인 구조로 다가왔다. 다양한 사람들이 어우러져 여기서 어떤 치유 프로그램과 언어가 나올 것인지에 대한 호기심이 컸고,

특히 생존자가 직접 제작하는 프로그램이라는 방향성이 흥미로웠다. 그것은 생존자가 느끼는 신체적, 정서적 트라우마적 반응을 반영하여 프로그램을 제작할 수 있다는 것을 의미하였다.

성폭력 피해생존자에 대한 공감과 연대는 비슷한 경험을 한 이들의 신체적, 경험적 공명으로 시작된다. 미투는 '나도 그렇다', '당신이 겪은 것을 나도 경험했다'에서 비롯된 표현이다. 나는 이것이 경험적 공감이자 신체적 공감이라고 생각한다. 각자의 방식이 다를 수 있지만 비슷한 일을 경험한 이들의 연대적 토대가 발생하는 일이다. 신체적 공감은 타인의 경험을 자신이 겪은 것처럼 가깝게 이해하고 느끼는 신경계 반응이라고 볼 수 있다. 이것은 신체심리치료 현장에서 내담자가 경험하는 현재의 상태를 치료사의 몸을 통해 공감하며 파악하는 일로 정의되기도 한다.

나는 이러한 신체적 공감의 맥락이 상-여자의

착지술의 프로그램 제작 과정에서 중요하게 다루어진 부분이라고 생각한다. 서로 간의 스토리를 몸의 반응으로 알아가고 수용하는 것은 우리의 신경계를 깨우고 확장하는 공감적 연습이 된다.

한 번은 '넘어짐'이라는 주제로 움직임을 리서치한 적이 있었다. 다른 이들은 실험적으로 넘어지는 동작을 탐색하며 집중을 하고 있는데, 한 생존자 친구가 '넘어짐'이라는 단어 앞에 얼어붙었다. 넘어지는 것은 그 친구의 인생에서 너무도 많은 것을 함의하고 있었기 때문이다. 우리는 그 친구가 겪는 그 순간의 높은 파도 앞에 함께 멈추었다. 그것을 그 혼자 감내하지 않도록 함께 머물렀다.

이것은 중요한 걸 의미했다. 트라우마를 가진 대상자에게 신체적인 활동을 제공할 때에는 그들이 자발적으로 움직일 수 있도록 안전한 주제와 방향성을 제공하는 것이 매우 중요하다. 우리는 이야기를 나누며 '잘 넘어지는 것은 무엇일까?'에 대한 고민을 좀 더 하게 되었고, 넘어지는 몸을 지지하는 신체감각적 경험의 중요성을 인지하게 되었다. 제작과정 안에서 경험하는 수많은 몸의 반응과 의견들은 프로그램의 수위를 조절하는 중요한 지표가 되었다.

예술은 의사소통의 매체이자 마음속 이야기를 은유적으로 표현하기 좋은 수단이다. 하지만 이것을 잘 사용하기 위해서는 치료적 맥락과 지식 안에서 선별하는 것이 필요하다. 나는 예술 자체가 치유성을 가지고 있다고 생각하지만 분명한 치료적 지식과 관점이 결합될 때 안전한 예술 치유 프로그램이 나온다고 믿는다. 자원 찾기, 안전한 정향, 거리 조절하기, 사회적 라포 형성 등 트라우마 이후 유실된 부분을 조금씩 채워나갈 수 있는 여러 맥락을 고려해야 한다. 내담자로서 경험한 사례, 치료자로 경험한 사례

등 많은 경험치들이 우리의 논의점이 되었으며 팀원들의 호흡과 몸의 반응을 토대로 우리가 선호하는 에너지 레벨과 톤을 조절하였다.

이러한 예술활동과 치료적 맥락, 생존자의 목소리를 교차하여 바라보는 과정은 치유적 메시지로 가닿는 길목을 치열하게 다듬는 작업이 된다. 표현의 주체는 참여자이니, 그들이 써내려가는 이야기를 잘 펼칠 수 있도록 기다리는 것이 우리의 역할이 된다. 예술이 지나치게 앞서가거나 추상의 빈 공간을 준다면 참여하는 사람은 길을 잃을 수 있다. 아주 구체적으로 손에 쥐고, 몰입할 수 있는 주제와 가닿는 접근방식을 연구해야 한다. 이들이 갖는 가능성, 자유로움, 그것을 다루는 개인의 역량 등과 함께 예상치 못한 시나리오를 예상하며 지금 여기에서의 몸의 감각이 어떨지를 생각한다.

오랜 시간 함께 제작한 프로그램을 또 다른 생존자에게 제공하는 시점이 되면서 우리 팀은 프로그램의 안전한 운영을 위한 고민을 많이 하게 되었다. 우리의 프로그램의 목적을 잘 달성하는 것은 호스트와 게스트 모두의 안전한 환경을 조성하는 일이었다. 구체적으로는 생존자를 맞이하는 팀 내 생존자의 안전성을 고려했다. 그들이 지금 전면에 나서는 것이 안전한지, 괜찮은지 살피고 함께 적절한 공간배치, 역할을 의논하였다. 시각적인 자극을 줄이는 공간의 배치, 서로를 살피도록 하는 위치 선정을 세밀히 고민했다.

'지금 여기'의 몸과 마음이 흐르는 현장을 잘 바라보고 지지하는 것은 쉬운 일이 아니다. 그러나 생존자들이 선택권을 박탈당한 흔적으로부터 다시금 개인의 주체성, 선택권을 경험하는 방향으로 나아갈 때 우리는 서로의 안전한 환경이 될 수 있다.

궁극적으로 나 자신의 몸과 마음을 잘 알아차리는 것이 중요하다. 진행자가 스스로의 감각을 한 번은 '넘어짐'이라는 주제로 움직임을 리서치한 적이 있었다. 다른 이들은 실험적으로 넘어지는 동작을 탐색하며 집중을 하고 있는데, 한 생존자 친구가 '넘어짐'이라는 단어 앞에 얼어붙었다. 넘어지는 것은 그 친구의 인생에서 너무도 많은 것을 함의하고 있었기 때문이다. 우리는 그 친구가 겪는 그 순간의 높은 파도 앞에 함께 멈추었다. 그것을 그 혼자 감내하지 않도록 함께 머물렀다.

이것은 중요한 걸 의미했다. 트라우마를 가진 대상자에게 신체적인 활동을 제공할 때에는 그들이 자발적으로 움직일 수 있도록 안전한 주제와 방향성을 제공하는 것이 매우 중요하다.

느끼지 못하면 타인과 공명하기 어렵고, 머리로만 판단하게 될 수도 있다. 나의 속도가 빠름을 체감하지 못하면 다른 이의 시간을 이해할 수 없다.

우리는 프로그램을 진행하는 과정 속 안전망을 만들어 서로의 안부를 묻고 상대방의 상태를 존중하는 태도를 유지하기 위해 힘썼다. 이는 프로그램의 참여자들을 살필 때도 마찬가지로 적용되었다. 참여자가 괜찮은지, 불편한지. 내가 지금 잘하고 있는지 헷갈릴 때는 꼭 질문을 하라고 자문을 받았다. 아주 단순한데 참 명료한 방법이다.

나는 치료사로서 팀 내에서 적절히 중심을 잡아야 한다는 인식을 가졌다. 내 신경계를 먼저 안정적으로 조율하고, 팀원들의 신체감각을 잘 살펴보려고 했다. 서로 간의 컨디션을 잘 알아주기도, 허심탄회한 대화를 나눌 수 있는 그룹 내 환경에 대한 믿음이 있기도 했다.

3년여간 프로젝트가 무르익어 가며 프로그램 안에서 참여해 주신 소중한 분들과 힘을 주고받고 온기를 나누었다. 팀 내 생존자 친구들은 자신의 프로그램을 만들어 진행을 하기도 하였다.

나 또한 예술가이자 치료사로, 그리고 연대자로 참여하면서 많은 변화를 겪었다. 얼어붙고, 때로는 무너지는 몸의 과정들을 가까이서 바라볼 수 있었고, 천천히 일으켜지는 과정을 함께할 수 있었다.

이는 소중한 임상적 관찰이기도 했고, 무엇이 그들을 일으켜 세우는가에 대해 더 깊이 생각하도록 만들기도 했다. 트라우마에 대한 심도 있는 고민을 하고 그 실체가 어떠한지 생존자 친구들의 삶을 통해 경험했고, 세상을 어떻게 바라보는 게 올바른지 치열하게 고민하고 실천하는 활동가 친구들의 생각을 배웠다. 그리고 타인의 고통에 가슴 아파하고 뜨겁게 연대하는 사람들의 심정에 공감하며 곁에 서 있었다.

함께 어깨동무를 하고 발자국 하나를 남기는 과정은 참 많은 시간과 조율을 필요로 한다. 심리적으로 어려움을 겪는 사람이 잘 일어나는 과정은 한 사람이 몸을 다쳤다가 재활하는 지난한 시간에 비유할 수 있다. 발목이 삐었거나, 골절이 되었다면 진단에 따라 치료를 받는다. 푹 쉬었다가 다시 일어나 뛰어다닐 수 있을 때까지 오래 깁스를 하고, 또 빠진 근육에 힘을 천천히 불어넣어야 한다. 안전한 길로 다녀야 하며 무리한 산행도 자제해야 한다. 작은 예시를 들었지만, 외상의 크기와 신체적 상태에 따라 다시 일어나고 회복되는 시간은 제각각 다르다.

성폭력 피해생존자가 갖는 이른바 외상 후 증상, 삶의 고통과 어려움은 지극히 자연스러운 현상이다. 어딘가에 살아남아 숨 쉬고 있는 몸들에 대한 존중과 경의를 표한다. 우리가 함께 만든 작은 온기와 신뢰의 반창고가 또 다른 이들에게도 붙여지기를 바란다.

성폭력으로부터의 생존, 반성폭력 운동으로부터의 생존, 아무튼 일단 숨쉬기 운동

탁수정(탁)

오늘도 큰 꿈을 꾼다. 인생을 내 힘으로 굴리는 꿈. 내가 노동해서 번 임금으로 의식주를 해결할 수 있는 것. 그것을 100퍼센트의 자립이라고 정의하고 어디 한번 계산을 해보겠다. 계산기에 찍히는 숫자 0.02.

2퍼센트라는 의미다.

아침에 눈 뜨면 가계부부터 들여다본다. 팍팍하게도 '수중에 남아 있는 돈'이 매일의 관심사다.

내 성폭력 사건은 10년도 전에 일어났다. 사건이 일어났던 출판사에서 일하며 벌던 생활비마저 못 벌게 된 것도 이제 거의 10년이 다 되어갈 것이다. 세상을 떠들썩하게 했던 사건이었지만 이제 나 말고는 아무도 기억하지 못하는 것 같다. 참 길게도 놀았다.

이만큼의 시간이 흐르고 나서야 비로소 2퍼센트의 자립을 이루었다. 비로소라는 표현을

써야 할 만큼 쉽지 않은 시간을 보내며 지난 2년간 노동했다. 그래도 나는 운이 좋은 축이다. 내가 할 수 있을 만한 일들을 함께 고민해주고, 어려운 상황이 자주 생겨도 매번 이해해줄 뿐 아니라 곁에서 도움까지 주는 이들이 상-여자의 착지술 동료들이었다. 살면서 한 명 만나기도 힘들 사람들을 떼로 만나 정신적으로 어려움을 겪는 상태로도 노동을 이어갈 수 있었다.

그러나 이런 채로 덜컥 마흔.

육신이 쓰러지면 앰뷸런스가 오는 것을 사람들은 이해한다. 그런데 마음이 쓰러졌을 때는 아니다. 정신건강에 대한 세상의 인식이 바뀌어야 한다고 통탄의 목소리를 드높이려는 게 아니라, 나 또한 인식이 바뀌지 못한 사람이라는 민망한 고백을 하려 꺼내는 말이다. 내가 나를 이해하고 받아들이기가 어려우니 의학적 치료 외에도 매주 상담 선생님의 도움을 받는다.

혹시 여자의 인생은 고통이 겹겹이 쌓아 만들어지는 어느 절대자의 한입거리 페스추리가 아닌가 의심이 든다. 그렇지 않고서야.

여성운동, 노동운동……. 다 열심히 하고 싶었다. 아니 잘 해내고 싶었다. 피해를 하나라도 줄이고 싶었다. 그런데 뜻대로 되는 날은 많지 않았다. 다방면으로 약하지만 세상에 목소리 내는 용기만큼은 강하다고 믿었는데, 나자빠진 후에야 그마저도 약하다는 걸 알아챘다. 사회운동을 하는 수많은 사람들 사이에 각 의제마다 생각의 차이는 당연히 있지만 가장 커다란 뜻들은 같을 줄 알았다. 그런데 '꼭 그렇지만은 않구나' 알게 되는 날들이 점점 많아졌고, 나는 위축되어만 갔다.

'외상 후 성장(Post-Traumatic Growth, PTG)'이라는 용어가 있다. 용어를 알게 된 것은 한참 후의 일이지만 과거의 나는 어떻게든 그것을 해내고 싶었던 것 같다. 세상에 공짜는 없는데,

자립을 못 해 주위에 폐 끼치며 살아가야 한다면, 내가 꺼낼 수 있는 좋은 것을 무엇이든 내놓아야 한다고 생각했다.

지난해 상-여자의 착지술이 다시 한 단락 마무리되는 바람에 올해 나의 노동계획은 전무해졌다. 올해에도 우리 능력 있는 기획자들이 뭔가 물어오는 일에 성공해 새 여정이 이어질지, 아니면 이대로 마무리가 될지, 긴 텀이 생긴 후 언젠가 다시 시작될지 아직 모른다.

사람들과의 만남을 꺼리는 상태는 그대로다. 자립도그래프가 다시 하락세에 접어들는지, 아니면 또 어찌어찌 새로운 세계로 떠나볼 용기가 생길지 알 수 없다.

생존자도 밥을 먹고 잠을 잔다. '나도 뭔가를 하는 사람'이라는 감각도 중요하다. 그러려면 적절한 노동이 주어져야 한다.

너무 당연한 말인데, 이상하게 허황된 말처럼

느껴진다.

일반적인 노동기능을 상실한 생존자의 자립문제 도대체 어쩔 것인가. 사람들에게 답은 주지 못할지라도, 가느다란 해결의 실마리라도 주는 글을 써내고 싶었다. 그런데 될 리가. 나 자신을 도대체 어쩔 것인가 하는 문제도 해결하지 못하고 있으니 요행을 바랄 수 없다. 애써봤지만 당연한 수순이었다.

단 한 가지 할 수 있는 건 삶을 유영하는 일을 멈추지 않는 것이다. 직장을 다니지 못하게 되고 나서 잊고 있었던 꿈 '문학'을 다시 뒤적여보며 공부했던 것, 연대활동을 하면서 시인이 되려는 생각을 접게 된 것, 대신 세상에 직접 목소리를 내고 피해자들과 연대하는 일을 시작하게 되었던 것, 그마저도 어렵게 되었을 때는 한 걸음 뒤로 물러나 나처럼 어려움을 겪는 사람들을 위해 프로그램을 개발하는 일을 하게 된 것. 적절한 상담 선생님을 영원히 찾지 못할 줄

지금보다 훨씬 더 피해에서
벗어나기가 어려웠을 적에
정신건강의학과 선생님이
그 피해경험들 위로 좋은
경험들이 쌓이고 또 쌓이는
일이 일어나야 한다고,
필요하다고 했었다. 그때의
나는 그 말에 너무 큰 상처를
받았었다. 세상에 그런 건
없다고, 모든 중요한 일들과
좋은 일들이 남자들의
권위로 주물러지고 있는데,
그걸 다 피해야 겨우 숨이

쉬어지는 마당에 어떻게
좋은 경험들을 쌓을
수가 있을까, 한국에서
불가능하다고 생각했다.
절망했었다.

죽지 않고 살아내어 보니
세상에 그런 게 아주 없지는
않았다. 그때는 정말 없었을
수도 있다고 생각한다.
그렇지만 지금은 있다. 나와
수많은 우리의 투쟁과 함께
하나둘 늘어났다.

알고 상담치료를 포기한 상태였지만 또 한번 정부지원정보를 디밀어준 친구가 있었던 덕에 인생상담 선생님을 만날 수 있었던 것.

회복이 필요한 생존자들과 연대자들의 치유를 위한 프로그램 상-여자의 착지술을 개발하고 사회에 적용하는 활동을 해 온 약 2년의 시간 동안, 내가 우리 팀에서 할 수 있는 일의 가짓수는 슬금슬금 늘어났다. 지난해에는 나의 아이디어에서 출발해 개발한 '대기실로서의 서점'이 우리 전체 프로그램에서 한 회를 차지하기도 했다.

'대기실로서의 서점'은 생존자와 연대자가 회복 후 돌아갈 직장, 또는 새로 찾을 직업에 대해 사유해 보기를 은근슬쩍 바라면서, 진행자인 나도, 참가하시는 분들도 함께 가능성을 보거나 희망을 얻기 위해 꾸린 프로그램이다. 일터라는 무대에 다시 오르기 전 대기시간을, 내가 주인인 안락한 서점에서 보내면 어떨까하는 메타적 상상에서 출발했다. 그 안락하고 안전한 대기실에서 추리소설도 읽고, 만화책도 보고, 스도쿠도 하는 상상. 잔뜩 삭아버린 영혼 앞에 고봉밥과 군침 도는 찌개로 차린 밥상 같은 책을 추천해 주는 상상.

문제를 풀지 못한 것이 아니라 풀고 있는 중이라고 여기고 싶다. 점심시간과 휴식시간도 노동시간에 포함되는 것처럼 활동에 회의감을 느끼는 시기도, 지쳐서 쉬고 있는 시기도, 죽어버릴까 생각하는 시기도, 입원병동 안에서의 시기도……. 모두 다 문제를 푸는 시간에 포함하고 싶다.

　덕분에 아직 경험해 보지 못한 '무경력'의 연대가, 그럼에도 내가 한 몫을 해낼 수 있는 연대가 남아 있을 것이라고 믿는 사람이 될 수 있었다.

지금보다 훨씬 더 피해에서 벗어나기가 어려웠을

적에 정신건강의학과 선생님이 그 피해경험들 위로 좋은 경험들이 쌓이고 또 쌓이는 일이 일어나야 한다고, 필요하다고 했었다. 그때의 나는 그 말에 너무 큰 상처를 받았었다. 세상에 그런 건 없다고, 모든 중요한 일들과 좋은 일들이 남자들의 권위로 주물러지고 있는데, 그걸 다 피해야 겨우 숨이 쉬어지는 마당에 어떻게 좋은 경험들을 쌓을 수가 있을까, 한국에서 불가능하다고 생각했다. 절망했었다.

죽지 않고 살아내어 보니 세상에 그런 게 아주 없지는 않았다. 그때는 정말 없었을 수도 있다고 생각한다. 그렇지만 지금은 있다. 나와 수많은 우리의 투쟁과 함께 하나둘 늘어났다.

이제는 좋은 경험들이 느리지만 쌓여가고 있다. 그때 그 의사 선생님의 조언은 시의적절하지 못했을 수도 있지만, 그때는 좀처럼 생겨나지 않을 것 같았던 세상을 우리는 직접 만들어서 조금씩 밀어붙여 보고 있다. 불가능해

보였던 때와 가능해진 지금의 차이를, 그 사이에 나와 함께 발버둥쳤던 동지, 동료들을 잊지 않으며 하루하루 또 힘을 짜내볼 것이다.

예술가와 양육자, 안전하지 않은 공간에 대한 두 가지 시선

서경선(늘)

나는 남자 청소년을 양육하고 있다. 나의 아이는 평범하다. 동네에서 크게 벗어나지 않고 학교와 학원을 쳇바퀴처럼 돌며 아주 가끔 친구들과 만나 피시방에 간다. 아이는 사춘기로 접어들면서 또래 아이들이 으레 그렇듯 방문을 걸어 잠그고 방 밖으로 벗어나지 않으며 스스로 고립되고 단절된 생활을 하기 시작했다. 나는 이 같은 아이의 변화를 청소년기에 맞이하는 자립과 독립을 위한 성장의 시기를 보내는 것이라 여기며 이 시기가 잘 지나가기를 희망했다. 코로나19가 시작되고 지금까지 아이의 사춘기는 방 안에서, 컴퓨터와 함께였다고 볼 수 있다. 방 밖에서 친구와 함께하는 시간을 독려하기 위해 담임선생님과 상담 선생님의 도움도 받았으나 쉽지 않았다.

아이는 자신의 방에서 무엇을 꿈꾸었을까? 가상세계에서 아이가 경험한 것은 무엇이었을까? 나는 알지 못한다. 아이의 사생활을 지켜준다는 것은 어느 정도 범위에서 가능한 것인지 모르겠다. 이 시대를 살면서 타인을 존중하고 배려하려는 태도를 고수했던 나에게 아이는 정도와 범위 그리고 경계에 대해 가지고 있던 기본적인 생각을 온통 흔들어 놓았다.

어렴풋이 짐작만 하던 시기가 지나고 어느새 문득 많은 것을 놓쳐버렸다는 것을 깨달았을 때 나는 스스로를 심하게 자책하고 반성하고 많이 울었다. 정말 담백하게 이야기하고 싶지만 혼란스러움과 고통스러운 마음의 상태는 절대 담백하고 담담하게 이야기할 수 없게 된다. 엉망진창이 되고 숨쉬기도 힘이 든다. 다시 돌려놓을 수만 있다면 뭐라도 하고 싶다. 하지만 그럴 수는 없으니 나는 지금 할 수 있는 방법을 찾아야만 했다. 지인들에게 도움을 구하고 인터넷에서 청소년 상담센터에 문의했으며 학교의 상담 선생님과도 여러 차례 상의했다. 개인적으로 내가 피폐해져서 개인 상담을 받기도 했다. 심지어는 난생처음 점집에도 다녀왔다. 사람이 궁지에 몰리면 지푸라기라도 잡는 심정으로 온갖 것을 찾아 헤매게 되나 보다.

신체와 신체의 접촉으로 이루어지는 즉흥무용인 컨택 임프로바이저(Contact Improviser)로 활동하는 한 친구가 말했다. 그 친구는 코로나 대유행 이후 사회적 거리 두기가 앞으로 몇 년간 사람 간에 어떻게 영향을 미칠지 알 수 없다고 했다. 인간은 짧다면 짧고 길다면 긴 한두 해라는 시간 동안 쉽게 변해버릴 수 있는 취약한 존재다. 바뀐 것을 다시 되돌리는 것은 너무너무 오래 걸리고 지난하다.

현재 나는 아이와 성(性)에 관해 대화를 나누지 못한다. 학교라는 실질적인 공간이 가상공간으로 전환되었을 때, 직접 만나서 나누는 감정의 교류나 정서가 익명으로 나누는 어떤 것이 되었을 때 미성숙한 아이들은 일시적 단절을 경험했고, 익명으로 나누는 어떤 것을 소비하기 시작했다.

한국에서 디지털 성문화는 심각하다. 정보의 확산 속도가 너무나 빠르고 반복적으로 공유하고 유포하기가 너무 쉽기 때문이다. 아이들에게 상-여자의 착지술도 채워졌으면 하는 빈 구멍들을 메꾸는 일을 한다. 그러면서 서로의 생명과 생활을 잘 일으키려 노력한다. 상대를 지지하는 마음은 그 사람을 독려하고 응원하는 마음이기에 어쩌면 돌봄의 시선과도 밀접하게 맞물린다고 생각된다.

좀 더 적극적으로 꽤 긴 시간 공적 공간과 사적 공간을 넘나들면서 말이다. 상-여자의 착지술에서 내가 경험한 돌봄의 시선은 시간이 겹겹이 쌓이면서 역할이나 나눔이 서로 전환되는 긴 시간의 긴 노동 같은 것이었다.

온라인상에서 정보를 복사하고 전달하는 것은 쉽고 간단한 놀이가 되었다. 놀이가 위험해지는 것은 익명이 가져오는 폭력성이 드러날 때이다. 성은 절대 놀이가 될 수 없다. 그런데 한국의 평범한 청소년들은 사회에서 지나치게 복잡하고 일관성이 없는 신고시스템과 디지털 성문화 윤리에 대한 인식과 교육 그리고 대응 미숙으로 놀이가 될 수 없는 성을 소비하면서 점점 평범함에서 벗어난다. 한국은 그렇게 위험하다. 평범한 아이들이 평범함에서 멀어지는, 내가 살아가고 있는 이 환경이 건강하지 않다는 사실을 다시 한 번 확인하며 앞으로 나는 무엇을 해야 하는가? 어른으로서 무엇을 해야 하는가?

나는 예술을 직업으로 선택하면서 몸에 대해서, 몸이 맺는 관계에 대해서 관심이 많았다. 몸은 내가 표현할 수 있는 도구이면서 동시에 관계 맺을 수 있는 매개이기도 하다. 온몸으로 뜨겁게 표현하고자 하는 것을 드러내기만 하면 되었던 예전과 지금의 모습은 많이 달라졌다. 아마 나의 환경이 전과 달라졌기 때문일 것이다. 그런데 나의 발걸음은 혼란스럽다. 익숙함에서 벗어나는 것도, 재정비해야 하는 것들을 다루는 일도 어렵고 힘들다.

하지만 달라진 환경 속에서 내가 살 수 있는 공간을 만들 필요는 너무도 확실하다. 그런 의미에서 '안전'을 몸의 안과 밖에서 동시에 마련되어야 할 첫 번째 기준으로 삼게 되었다. 안전하지 않은 공간을 안전함으로 채우려면 큰 노력이 필요하다. 미투 이후 안전한 창작환경에 대한 고민, 그리고 약속문 만들기 같은 시도들이 예술계 내에서 행해졌다. 앞으로도 소외되고 폭력을 당한 경험들이 더 많이 공론화될 것이고 그 틈을 메꾸기 위해 노력하는 사람들도 계속 나올 것이다.

상-여자의 착지술도 채워졌으면 하는 빈 구멍들을 메꾸는 일을 한다. 그러면서 서로의 생명과 생활을 잘 일으키려 노력한다. 상대를 지지하는 마음은 그 사람을 독려하고 응원하는 마음이기에 어쩌면 돌봄의 시선과도 밀접하게 맞물린다고 생각된다. 좀 더 적극적으로 꽤 긴 시간 공적 공간과 사적 공간을 넘나들면서 말이다. 상-여자의 착지술에서 내가 경험한 돌봄의 시선은 시간이 겹겹이 쌓이면서 역할이나 나눔이 서로 전환되는 긴 시간의 긴 노동 같은 것이었다.

나와 나의 아이도 긴 시간, 긴 호흡의 장기전으로 가야 하지 않을까? 어쩌면 내가 놓친 것은 실제 세계와 디지털 세계가 전혀 다르지 않음을 간과한 것일 수도 있다. 뒤틀린 문화가 낳은 폭력성에 상처받은 사람들이 여기저기에 있다. 내가 사는 곳이 살 만한 곳이어야 하므로 사적 공간과 공적 공간을, 실제 세계와 디지털 공간을 넘나들면서 뭐라도 하는 수밖에 없다. 세심한 토대 만들기가 얼마나 중요하고 필요한지 알기 때문에 할 수 있는 것들을 찾아 나설 것이다.

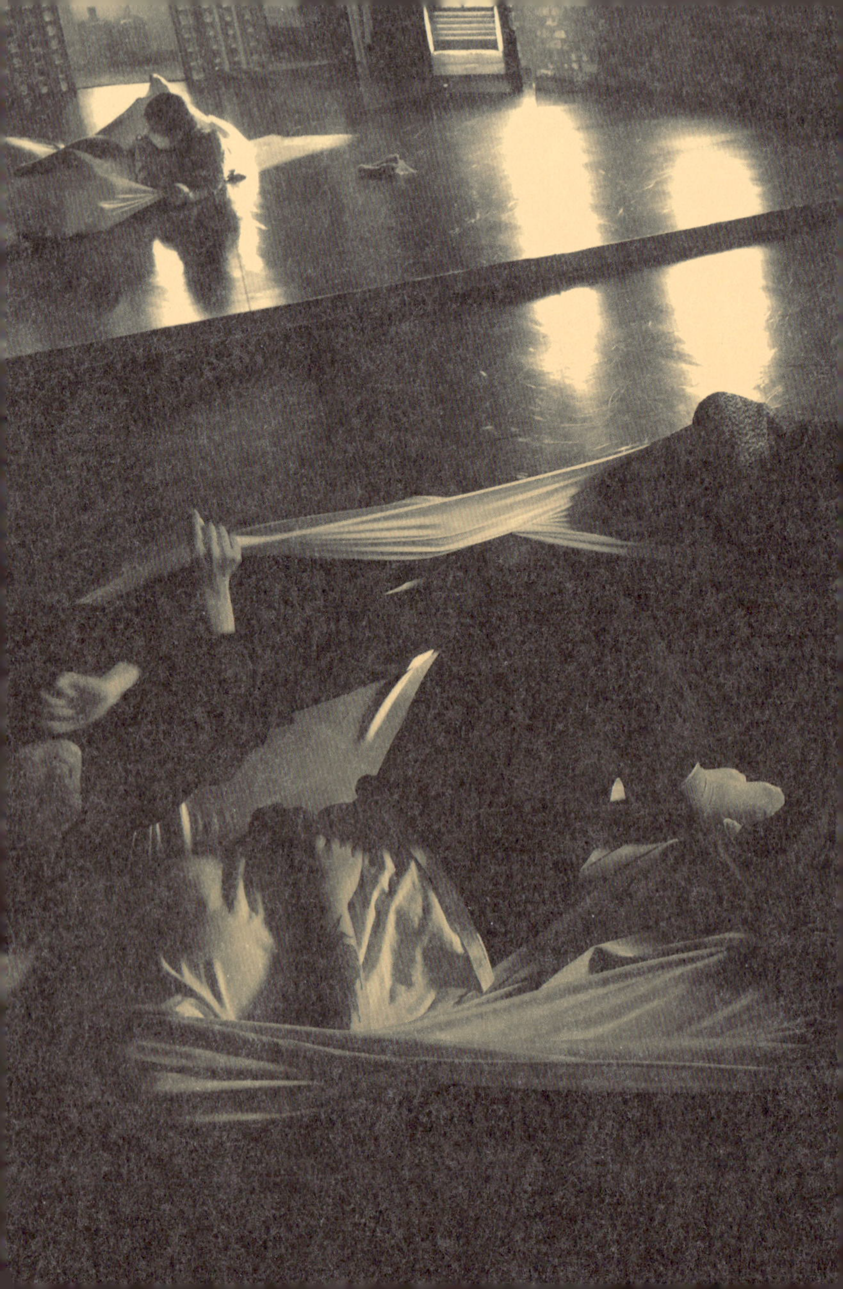

Tripful

part 2

바닥을 구르다

애써 버텨 온 몸에 일어난 변화들

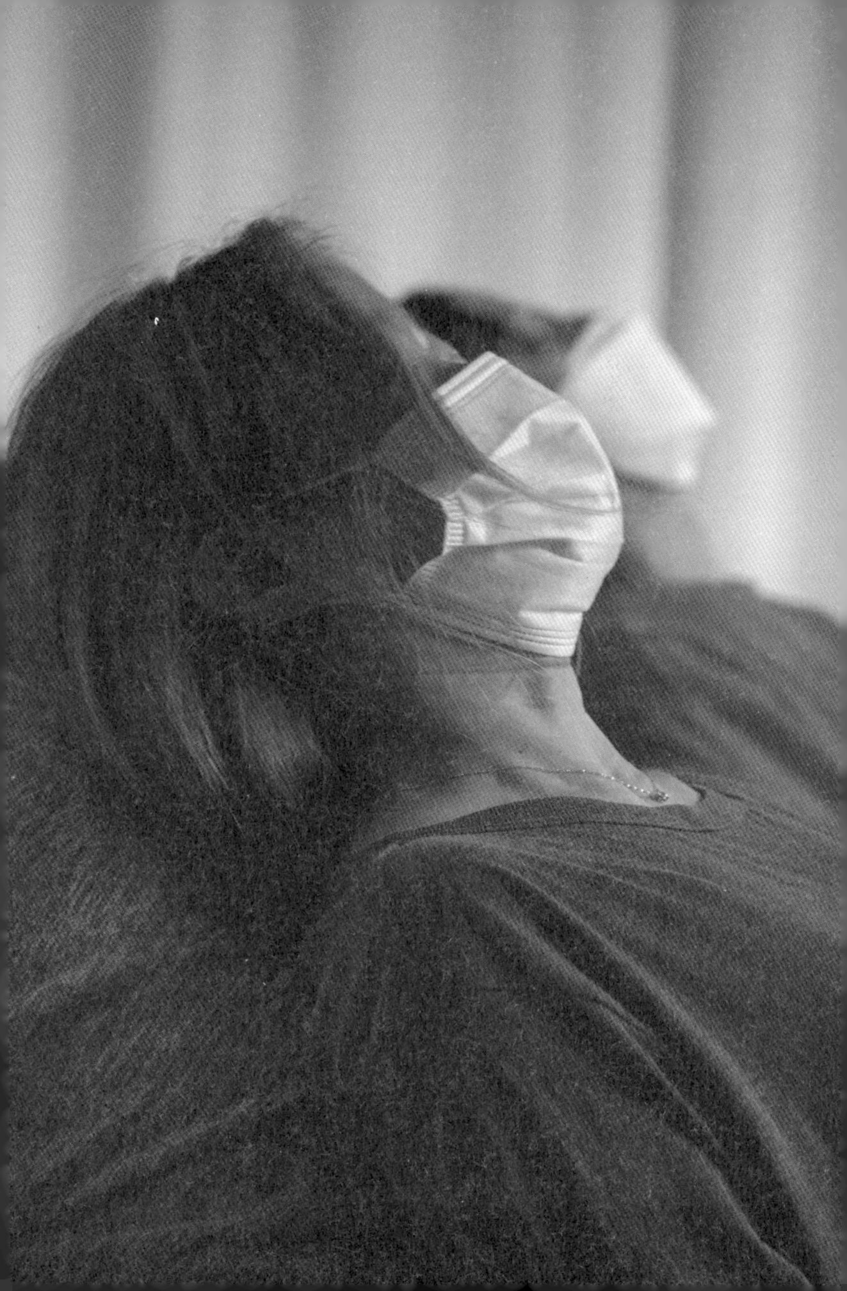

살아 있는 연대의 발견

양보름

전 세계를 휩쓴 미투 운동이 2018년, 전북의 작은 도시 전주에도 찾아들었다. 하나둘 그동안의 한을 터뜨리듯 용기를 내었고, 그가 겪은 일이 결코 낯설지 않았기에 우리는 망설이지 않고 서로의 손을 꽉 잡았다. 그동안 묵인해 오던, 용납되던, 휘둘러지던 폭력을 더 이상 두고보지 않겠노라고 굳게 맞섰다. 그 의지와 마음과 우리는 6년이 지난 지금도 여전히 이곳에 남아 있다. 1991년, 한 여성의 "나는 사람이 아니라 짐승을 죽였습니다!"라는 절규에 그 당시 많은 여성들이 응답했듯, 2022년에도 누군가의 미투에 우리의 위드유는 끊임없이 진행 중이다.

나는 2011년에 성폭력 피해자 보호시설, 쉼터에서 반성폭력 운동을 시작했다. 쉼터를 찾는 이들에게 나는 겪은 일보다 밥은 먹었는지, 좋아하는 음식은 무엇인지를 먼저 물어보았다. 우리는 같이 먹고 같이 자고 같이 웃었다. 치열하고 눈물 나는 시간 사이사이 농담을 주고받았고 일상적 고민을 나눴고 순간순간을 함께하며 우리가 겪은 그 일이 결코 우리의 잘못이 아니었다는 사실을 확인할 수 있었다. 그렇게 한 발 한 발 느리게 위로받고 치유되었다. 그렇게 맞대어지는 경험이 연결되는 순간들이 어떻게 우리의 존엄을 살리는지 목격했다.

2020년부터 나는 다른 방식으로 그들을 만나기 시작했다. 상담소에서 전화를 받고 상담 일정을 잡고 겪은 일과 고통을 직접 물어보았다. 그들이 용기 내어 시작한 여러 과정에 동행했다.
지역사회가 작고 좁을수록 우리의 연대는 더 빈틈없이 견고해야 했다. 그 과정에 더 많은 것을 걸어야 했다. 이는 결코 느슨해질 수 없는 긴장의 연속이기도 했고 치열함을 늘 유지해야 하는 과정이기도 했다.

우리의 만남엔 목적이 있었고, 원하는 결과를 맞지 못하기도 했지만 서로를 의지하며 버텼다. 혐오와 편견이 여전히 번져가는 사회에 화가 북받치기도 하고 마음이 무너지기도 했지만 굳게 버텼다. 우리의 잘못이 아니고, 우리가 틀리지 않았고, 그 일로 삶의 터전과 존엄을 잃어야 할 것은 우리가 아님을 확인시키기 위해 굳게 버티고 있는 이들과 그들을 조력하는 동료들이 있었다.

어금니를 꽉 깨물고 눈을 부릅뜨고 손을 꼭 맞잡으며 버텼다. 그러다 보니 힘을 풀고 서로의 평화로운 눈을 바라보며 그가 어떤 이인지, 어떤 것을 좋아하는 사람인지 그를 그 자체로 만나볼 기회가 흔치 않았다. 세상이 변치 않는 것만 같아 막막한 순간들에, 그와 함께 느끼는 분노와 슬픔에 나를 잃는 순간도 허다했다.

그러던 중 상-여자의 착지술을 만났다. 초록빛 가득한 강당에서 맨발로 다시 그들을 만날 수 있었다. 그곳에서 나는 조력자도 상담원도 아닌 그 순간 그곳에 존재하는 유일한 '보름이'가 되었다. 가방 속 물건들을 쏟아내 취향을 공유하고 대(大) 자로 드러누워

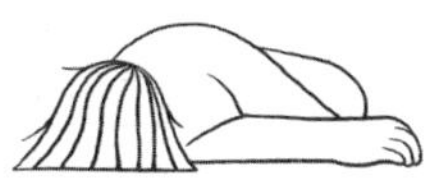

숨을 고르고 서로에게 쓰러질 듯 기대기도 했다. 있는 그대로 존재하며 누군가가 창조하는 순간순간에 초대되었다. 나와 접속하고, 내 옆에서 함께 하는 이들과 접속하여 그 과정을 각자의 속도, 그리고 우리의 속도에 맞게 몰두했던 순간들은 아주 아름답고 신비로웠다. 우리에게 이런 힘이, 그 어떤 틀도 가두고 가릴 수 없는 빛이 있다는 것을 경험했다.

여자는 모름지기, 피해자라면 응당, 딸은 마땅히……. 그 무엇에도 구애받지 않는 우리는 자유롭고 아름답고 창조적이고 조화롭고 지혜롭고 유쾌한 존재로서 우리를 가두고 편협하게 명명하는 가시밭길을 사뿐히 즈려밟고 안전히 착지해 볼 수 있었다. 편견과 혐오의 시선 따위에 꺼지지 않을 빛을, 빛나는 나와 우리를 확인했다. 그것이 우리가 가고 있는 길에서, 버리며 나아가야 할 과정에서 스스로를 잃지 않게 할 지혜가 되어줄 것이었다.

그동안 자기방어 훈련도, 다양한 작업도, 음악도, 미술도, 글쓰기도 해 왔다. 치유와 회복에 목적을 두었으나 종종 그 행위 자체가 목적이 되기도 했다. 운영의 속도에 나를 맞추다 보면 스스로 의미를 찾거나 자신과의 연결감을 가질 기회를 잃기도 했다. 그럼에도 목적과 경험이 분절되지 않도록 하기 위한, 함께하는 작업 안에서 치유와 회복에 연결되기 위한 많은 고민이 있었다.
마침내 길이 보였다. 그 무엇을 하더라도 몸의 감각과 마음을 살피며 현재에 머무는 스스로를 관찰하면 되는 것이었다.

매 순간 무엇을 하든 깨어 있는 과정 안에서 몸으로 체득되는 깨달음들이 있었다. 서로를 맞대어 경계와 연대를 발견하는 경험. 자유롭고 안전한 연대 안에서 자신의 개성과 독특함을 지지받으며 표현해 보고 받아들여지는 과정의 경험. 존재 그대로 다른 존재를 만나보는 경험. 시도해 보지 않았던, 익숙하지 않았던 그 경험. 그런데도 몸과 마음이

누군가 운이 좋아서 경험하는 것이 아닌 모든 여성의 삶에 자연스럽게 녹아 있어야 할 경험들임에도 그것들이 박탈되어 왔다는 사실에 슬펐다. 여성인 우리의 온전함이 가부장의 세상에선 불온함으로 규정되어 깎이고 가둬지지 않았던가.

그럴수록 더 간절해졌다. 착지술이 필요한 이들이 마음 편히 들러 스스로의 빛을 발견할 수 있는 연대와 공간이 여성들의 가장 가까운 곳에 있기를. 살아남은 우리가 존엄의 증거가 되기를. 서로의 존재가 서로의 존엄을 살리는 작은 쉼터가 되기를. 그곳으로부터 시작된 우리의 언어가 어느 곳에서든 통용되기를. 더는 그 누구도, 단 한 사람도 잃을 수 없다는 우리의 간절한 외침이 응답받기를. 이런 수많은 바람들이 멈추지 않고 커져만 갔다.

돌보아지는 경험. 말 그대로 착지술이었다.
우리의 작업에 함께해 영광이었다.

상-여자의 착지술을 함께한 5주 내내 주변 사람들에게 나는 운이 좋았다고 이야기했다. 한편으로는 누군가 운이 좋아서 경험하는 것이 아닌 모든 여성의 삶에 자연스럽게 녹아 있어야 할 경험들임에도 그것들이 박탈되어 왔다는 사실에 슬펐다. 여성인 우리의 온전함이 가부장의 세상에선 불온함으로 규정되어 깎이고 가둬지지 않았던가.

그럴수록 더 간절해졌다. 착지술이 필요한 이들이 마음 편히 들러 스스로의 빛을 발견할 수 있는 연대와 공간이 여성들의 가장 가까운 곳에 있기를. 살아남은 우리가 존엄의 증거가 되기를. 서로의 존재가 서로의 존엄을 살리는 작은 쉼터가 되기를. 그곳으로부터 시작된 우리의 언어가 어느 곳에서든 통용되기를. 더는 그 누구도, 단 한 사람도 잃을 수 없다는 우리의 간절한 외침이 응답받기를. 이런 수많은 바람들이 멈추지 않고 커져만 갔다.

초여름에 불어온 마음속 바람이 한겨울인 지금도 여전하다. 아늑하고 따뜻했던 초록의 공간. 꾸준한 생채기에도 살아남은 우리가 함께 숨 쉬고 뛰어다니고 그리고 노래하고 웃고 울고 외치던 그곳. 내겐 지친 마음 쉬어갈 작은 쉼터가 생겼다. 분명 그것이 나와 우리를 지치지 않고 한 발짝 더 나아가게 할 것이다. 우리의 작은 도시에서 서로를 살릴 시간과 공간을 내어 사람들과 맞대어지리라 마음먹어본다. 그것이 지속되고 확장되어 서로를 있는 그대로 만나고 지지하여 안전히 착지할 더 단단하고 너른 터를 갖게 되기를 소망해 본다.

방향을 잃은 몸들의 착지술

송진희

"성폭력 공론화 이후에 연대자들 또한 자신이 있어야 할 무대로 돌아갈 수 없다는 것을 느낀다. 나는 연대자인가 피해자인가."

'2022 미투 중간 결산: 지금 여기에 있다' 행사에 참여한 예술인의 발언 중

2022년 한국성폭력상담소 주최로 열린 '미투 중간 결산: 지금 여기에 있다'는 성폭력 문제 대응의 경험을 가진 다양한 주체들이 각 현장의 이야기를 릴레이 형태로 이어서 말하는 연대의 자리였다. 나는 서울에서 진행된 행사에 직접 참여하지 못해서 유튜브 중계를 통해서 이야기를 경청하고 있었다. 패널들의 발언 이후 질의응답 시간이 돌아왔고 마이크를 잡은 한 예술인의 발언이 오래도록 기억에 남아서 이 글의 시작에 새겨 두고 이야기를 시작해 본다.

문화예술계는 2016년 #○○계_내_성폭력 고발 운동과 2018년 미투 운동으로 이어지면서

영화계, 미술계, 무용계, 연극계, 사진계 등 각 예술 장르마다 성폭력을 고발하는 피해자와 그 곁의 예술인 조력자들이 대응단체를 만들고 함께 목소리를 내는 움직임이 있었다. 예술인 조력자들은 피해지원, 정책제안, 성폭력 사건 연대 등 다양한 활동을 통해서 예술공동체의 변화를 촉구하는 역할에 앞장섰다.

예술가들은 공식적으로 풀리지 않는 사건을 대응하는 탐정이 되었고, 피해자와 함께 싸우는 동료이자 연대자이며, 정책과 제도의 사각지대를 짚어내고 촉구하는 활동가이자, 안전한 예술현장을 만들기 위해서 성폭력예방교육 전문강사로 활동하고 있다. 때론 이 모든 역할을 다 하기도 한다. 성폭력이 만연했던 예술계의 분위기에 이제는 일조하지 않겠다는 각성과 사회적 변화에 함께 목소리를 내는 주체로서 다양한 방식으로 문화예술계 성폭력에 대응하며 각자의 현장에서 미투 이후의 시간을 살아내고 있는 중이다.

#○○계_내_성폭력 고발 운동으로부터 6년이 지난 현재, 무대로 돌아가지 못하고 있는 한 예술인이 던진 말의 무게는 성폭력을 고발하는 목소리들이 터져 나왔던 6년 전과는 다른 무게로 다가왔다.

그동안 많은 변화가 있었지만 여전히 변하지 않고 반복되는 상황을 이렇게 빨리 만나게 될 줄 몰랐다. 그동안 혼자 품기엔 너무 무거워서 지하실에 밀쳐두었던 고민 뭉치가 쑥 올라와 내 앞에 툭 하고 던져진 현실을 마주하고 있는 기분이랄까. 지난 시간 동안 혼자 헤매었던 답이 없는 물음이자 지쳐서 덮어놓은 고민 뭉치. 익숙하지만 까마득해지는 이 물음을 다시 마주하게 되다니 뒤통수가 욱신거렸다.

켜켜이 쌓아둔 뭉치들을 풀 엄두가 나지 않지만 한 예술가의 말이 이 뭉치들을 다시 마주해야 할 이유가 되었다. 나는,
그녀는 왜 다시 무대로, 작업실로,
전시공간으로, 공동체로
돌아가지 못하는 몸이

되었을까. 그 이유를 지역이 가진 한계 속에서 개인이 감당할 수밖에 없도록 만드는 현실을 들여다보고, 상-여자의 착지술에 참여했던 경험을 중심으로 풀어놓으려 한다.

돌아갈 수 없다는 감각은 '나는 누구, 여긴 어디'라는 말처럼 목적지와 길을 잃은 것과 비슷하다. 지역마다 다르겠지만 반성폭력 의제에 직접 대응하며 자신의 이름을 내걸고 활동하는 예술인들은 최대 3인 내외이다. 문화예술계 성평등 정책이 부재한 지역이 대부분이기 때문에, 성폭력 문제 해결에 함께하는 소수의 예술인 조력자들은 성평등 의제를 정책화하기 위해서 지자체나 재단과 수차례 협의를 시도하고, 사건에 직접 연대하며 대책위 활동을 통해서 기자회견과 공론화 등을 추진하는 일을 한다.

그러다 보면 어느새 1년에서 3년이 훌쩍 지나 있고 예술작업과 멀어져 있는 자신을 발견함과 동시에, 노력에 비해 크게 달라진 것이 없는 지역

예술공동체를 보며 회의감을 느끼기도 한다. 개인이 소진되지 않기 위해서 반성폭력 활동과 예술활동을 적당히 분배하는 지혜를 발휘하면 되지 않겠냐고 생각할 수도 있지만, 소수의 예술인들이 성폭력 대응을 하는 지역의 상황은 그럴 여유를 주지 않는다.

지역과 수도권의 차이가 있다면 수도권의 경우 예술인 조력자 그룹 내에서 성폭력 대응활동이 로테이션이 가능하다는 점이었다. 이번 사안은 누군가 중심이 돼서 활동해 주면 다른 예술가는 전시에 집중하거나 작품활동을 진행할 수 있다. 그리고 다음 사안에서는 자연스럽게 바통 터치를 하고 잠시 쉬거나 다른 작업을 할 수도 있다. 또는 활동 인원이 7명 내외이고 인권운동의 경험이 있는 예술인들이 모여 있다면 다 같이 사건을 풀어나갈 수 있는 역량이 있기 때문에 개인이 이 문제를 떠안지 않아도 된다는 최소한의 안정감을 준다.

지역이라는 로테이션이 없는 세계의 압박감 속에서 혼자 외로운 싸움을 하는 밤들이 길어지면 내가 어디에 있는지 모른 채 자주 방향감각을 잃게 된다. 원래 내가 있었던 곳으로부터 멀리 왔지만 이곳이 어딘지는 알 길이 없으며, 다시 돌아가기엔 까마득한 그 어딘가에 예술인 조력자들의 몸은 땅에 발을 딛지 못한 채 떠다닌다. 지역을, 이 공동체를 떠날 수도 없는 몸. 하지만 공동체로 돌아갈 수도 없는 몸. 조력자들의 몸의 시간은 '다르게' 흘러간다.

내가 활동했던 공동체의 온전한 지지도, 그렇다고 안전한 활동기반도 없는 어딘가에서 그저 버티는 몸은 미끄러져 내린다. '우리가 남이가'라는 지역 정서는 가해자에게도 너그러울 뿐만 아니라 성폭력 사건이 공동체를 위협하는 일이 되지 않기 위해 사건을 무력화하거나 반대로 피해자의 요구사항을 적극 따르는 모양새를 갖추지만 화려한 퍼포먼스에 불과할 뿐 여전히 위계적인 공동체문화는 변하지 않는다.

이러한 지역공동체의 정서와 관계망 안에서 개인이 선택하고 상상할 수 있는 새로운 관계망을 만들기란 쉽지 않다. 그 속에서 느껴지는 답답함과 피로감은 종종 두통, 심장 통증과 같은 신체화 증상으로 자주 나타났다. 그런데 신기하게도 이 증상은 내가 살고 있는 지역을 벗어나면 좋아지는 마술을 선보이기도 했다.

모든 슬픔은 그것이 이야기로 만들어진다면 견딜 만한 것이라고 했는데, 방향을 잃은 몸은 '이야기'로 구성되지 않는다. 소수의 예술인 조력자들이 자원과 지지, 동료 없이 오래 반성폭력 활동을 하는 고립된 상황이 되면 이야기보다는 원망, 탓, 비관과 같은 마음들이 끝내 화, 울음, 혼잣말이 되어 몸에 가득 쌓인다. 화, 울음, 혼잣말은 이야기가 될 수 없기에 개인이 감당해야 하는 통증으로 고착화된다.

아픈 몸이 침묵하지 않는다는 것은 분명하다(아서 프랭크, 『몸의 증언』 중). 침묵하지 않는 나의 몸이 들려주는 통증이 엄살이나 거짓이 아니라 실재한다는 것을 믿을 수 있을 때 이야기는 시작될 수 있다. 예술인 조력자로서 나의 몸의 통증과 신체화 증상에 관심을 가지고 있을 무렵 상-여자의 착지술을 만났다. 몸이라는 비언어적 연대를 기반으로 몸이 들려주는 이야기에 집중해 보는 기획이라는 점에서 더욱 흥미를 느끼며 참여하게 되었다. 방향감각을 잃어버린 몸을 넘어서 내 신체의 영토를 세울 수 있을까. 얼어붙은 몸에서 두 발을 땅에 딛고 있는 몸을 만날 수 있을까. 나로 잘 서 있기 위한 연대의 여정에 몸과 마음이 열려 있었다.

"위협적인 질병, 폭력 등의 사건을 경험하거나 목격하면, 사건 당시로 자꾸만 돌아가는 증상을 겪게 된다. 감정뿐만 아니라 몸의 감각까지 그 순간에 묶인 듯

얼어붙는다. 그때, 그건 과거의 일이고 지금은 안전한 곳에 있다고 온몸으로 상기해야 한다. 이를 트라우마 치유기법의 하나인 '그라운딩'이라고 하는데 '상-여자의 착지술'에서는 이를 '땅 잘 딛기'라고 해석했다."

『상-여자의 착지술』(착지술 설명 글 중)

상-여자의 착지술에서 가장 인상 깊었던 것은 '그라운딩- 땅 잘 딛기'라는 개념이었다. 성폭력 고발 운동에 나섰던 많은 피해자와 조력자들의 잃어버린 방향감각 속에서 절실히 되찾고자 하는 것은 현실에 발을 딛고 있는 일상의 감각이다. 내가 누구이고, 내가 어디에 있는지 의심하지 않는 상태 말이다.

땅에 두 발을 잘 딛기 위해서 내가 먼저 해야 할 일은 힘 빼기의 과정이었다. 예술인 조력자로 살아가다 보면

한 명씩 돌아가면서 서로의 몸에 기대고, 그 사람이 넘어지지 않도록 참여자들이 받쳐주고 잡아주는 과정을 통해서 누군가에게 지지받고, 내가 또 다른 이들을 지지해 주는 따뜻하고 깊은 온기를 체감할 수 있었다. 말이 아닌 몸의 연대를 통해서 충만해지는 기분이었다.

이 인상적인 경험을 "모닥불 같은 몸이 되는 거

같아요"라고 그날 일기에 써놓기도 했다. 서로 모여 있는 것들이 따뜻한 기운을 만들어내는 무해한 온기와 충만감. 이 온기는 언젠간 흩어지지만 이 온기를 경험한 몸의 기억은 오래오래 지속된다. 지금이 엉망일지라도 따뜻하게 존중받는 몸의 경험에는 삶을 긍정할 수 있게 하는 마법이 있다.

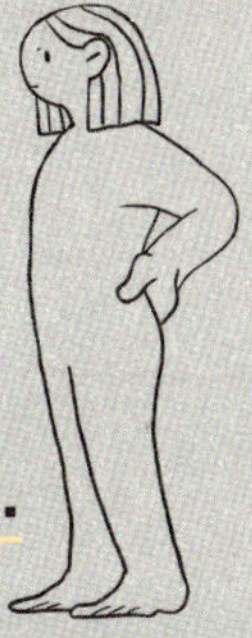

개인의 몸의 안정을 살피지 못하게 되는 경우가 많다. 조력자로서의 몸을 많이 써 왔기 때문에 개인의 몸을 살피는 전환이 느리고 개인의 몸을 먼저 살피는 것에 대한 죄책감이 들기도 한다.

조력자의 몸과 개인의 몸은 연결되어 있지만 한쪽으로 지나치게 기울어져 있다는 점에서 언젠가 무너진다. 무너진 몸을 살피기 위해 힘을 뺀다는 것은 반성폭력 운동에 앞장서서 마이크를 들고 말하는 일, 어떠한 대가 없이 책임지는 일 등의 활동가로서의 무거운 짐을 내려두어도 '가능한 연대의 몸'을 상상하는 것이다. 이러한 마음을 데리고 참여한 첫 수업에서 반성폭력 활동가의 역할로 이곳에 있지 않아도 된다는 안도감에 첫날부터 긴장이 풀리다 못해 내내 잠이 오는 신기한 경험을 했다.

참여 프로그램 중 가장 인상 깊었던 것은 넷째 날 진행된 '서로서로 매트리스'였다. 세 번의 만남을 통해서 자신과 상대방을 몸과 마음을 탐색하는 시간을 충분히 가지고 '서로서로 매트리스'에서 서로의 몸에 기대고 지지해 주는 경험을 통해서 연대의 감각을 일깨워주었다. 한 명씩 돌아가면서 서로의 몸에 기대고, 그 사람이 넘어지지 않도록 참여자들이 받쳐주고 잡아주는 과정을 통해서 누군가에게 지지받고, 내가 또 다른 이들을 지지해 주는 따뜻하고 깊은 온기를 체감할 수 있었다. 말이 아닌 몸의 연대를 통해서 충만해지는 기분이었다.

이 인상적인 경험을 "모닥불 같은 몸이 되는 거 같아요"라고 그날 일기에 써놓기도 했다. 서로 모여 있는 것들이 따듯한 기운을 만들어내는 무해한 온기와 충만감. 이 온기는 언젠간 흩어지지만 이 온기를 경험한 몸의 기억은 오래오래 지속된다. 지금이 엉망일지라도 따뜻하게 존중받는 몸의 경험에는 삶을 긍정할 수 있게 하는 마법이 있다. 방향을 잃은 몸이 땅에

두 발을 딛기 위해서 안전하게 기대고 연대할 수 있는 모닥불 같은 곁이 있다면 방향을 잃는다 해도 기꺼이 살아갈 수 있다.

한 예술인의 말에서 시작해서 먼지 쌓인 지하실에서 건져 올려진 뭉치들 속에 엉켜 붙은 물음. 예술인 조력자들이 무대로 돌아가거나 새로운 무대를 상상할 수 있을까? 이 물음에 대한 답을 찾는 여정이 개인의 몫으로 돌아가지 않기 위해서 착지술의 연대가 필요하다. 착지술은 만사형통이 아닌 불완전한 몸들이 함께 살아가며 중심을 잡아나가는 또 다른 몸의 가능성이다. 각 지역에서 문화예술계 반성폭력 운동에 조력자로 오랜 시간을 보내며 방향을 잃은 몸들에게 길고 긴 안부와 응답이 전해지길 바라본다.

진심을 다해 심은 나무

햄

새로운 발견. 알게 된 지 얼마 안 된 누군가를 이렇게 걱정해 본 적이 있었던가?

평소 꽤나 무심하여 친구들로 하여금 타박을 받은 적도, 스스로 미안함에 어쩔 줄 몰라한 적도 여러 번이다. 내가 이렇게나 무심하다고? 스스로도 흠칫 놀란다. 얼마 전에는 친구랑 같이 본 영화에 대해 같이 영화관에 갔던 친구에게 "이 영화 봤어? 너가 좋아할 것 같아. 얼른 보러 가"라고 할 정도니까. 그 순간 친구 눈에는 섭섭함이 짙게 차올랐었지…….

상-여자 활동을 하며 다른 참여자들을 만났다. 그리고 2주 차부터 상-여자 활동이 끝날 때까지 (아니 사실은 지금까지도) 버스를 타다가, 걷다가, 먹다가 참여자들이 불쑥불쑥 생각나곤 했다. ○ 님은 저번에 힘이 없어 보이시던데 밥은 잘 챙겨 드시고 계시려나, ◇ 님은 그때 많이 힘들어 보이셨는데 그 후로 일주일이

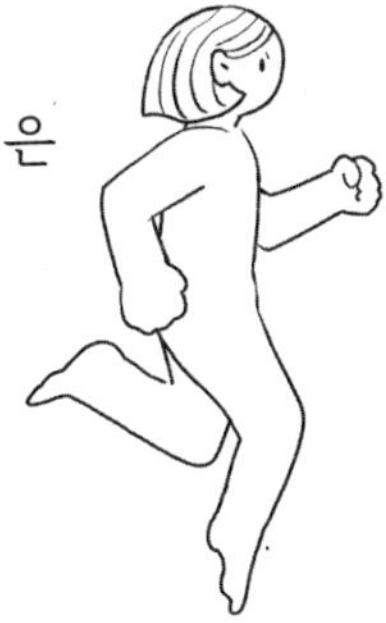

그나마 덜 버거웠으면 좋겠다, 그때 ☆ 님이 나눠준 온기가 지금 너무 힘이 되고 있는데 고맙다고 인사를 제대로 못 했네. 다들 어떻게 지내고 계시려나. 다음 주에 다들 얼굴 볼 수 있었음 좋겠다,하는 등의 생각들.

그리고 그런 생각이 드는 스스로를 발견하며 화들짝 놀라기도 했다. 불과 만난 지 한 달도 채 안 된 이들을 이렇게 떠올리고 있다니. 댄서스라운지에서는 무슨 일들이 일어났던 걸까.

자화상을 그려 전시를 하고 둘러봤던 시간이 떠오른다. 각자 어떤 시간을 보내며 애써 왔는지, 어떤 마음으로 이곳에 와 타인을 만날 다짐들을 하였는지 등등……. 내가 감히 절대 알 수는 없겠지만 여기 오기까지 정말 너무 고생 많으셨다는 것. 그것만은 온몸으로 느낄 수 있었다. 시작점을 알 수 없는 눈물을 펑펑 쏟았던 기억이 난다.

아주 묵직하고 강렬하고 뜨거운 그 전시를 마무리하며 그만큼 묵직하게 응원의 마음이 올라왔다. 글을 쓰고 있는 지금 한 분 한 분의 얼굴이 떠오른다. 스스로에게 또 한 번 놀란다. 상-여자 활동이 끝난 지 한 달이 넘었다. 그리고 나는 여전히 그들을 진심으로 응원하고 있다.

물론 다른 참여자들이 걱정되고 생각났던 만큼, 무엇보다 고마웠던 만큼 다 표현하지 못했다. 그래서 아마 서울 참여자 분들이 이 책을 접하게 된다면 흠칫 놀라실 수도 있겠다. 그래도 한번 전해보아요. 그때 그 시간들을 함께할 수 있어서 정말 고마웠어요. 응원을 보냅니다. 앞으로도 이 응원을 어딘가에서 계속 보내도 될까요?

뿌리내리고 착지하기

결국 혼자라고 생각한 적이 있었다. 이 사건을 마주하는 것도 결국 혼자서 해야 한다는 생각. 무작정 아무에게나 안기고 기대고 싶기도 했다. 최근 1년, 나를 힘들게 했던 사건에 대해 힘들게 얘기를 꺼내니 조사과정에서 나를 의심하는 질문들을 끊임없이 받았고, 나는 내 말을 믿어줄 것 같은 사람들을 열과 성을 다하여 찾아 헤매었다. 너무 찾아 헤매다 보니 숨 가쁘게 뛰었고 시선은 이리저리 분산되었다. 그냥 가만히 있질 못했다.

혼자기에 작은 자극에도 쓰러질 것 같았고, 그 자극을 마냥 피하고 싶어 눈을 감고 아무것도 보고 싶지 않다고 생각하기도 했다. 이런 걸 '외롭다'는 말로 표현해 볼 수 있으려나.

상-여자의 착지술 프로그램 중 나무가 되고 서로서로 매트리스가 되어본 시간이 있었다. 가득 지지해 주는, 받쳐주는 그 느낌을 아직도 잊을 수가 없다. 나는 혼자 서서 마구 흔들리는 앙상한 나무라고 생각했는데, 나를 받쳐주고 있던 뿌리들을. 약한 나도 어떻게든 버티게 해주려던 뿌리들을 물질적으로 확인한 기분이랄까.

불행인지 다행인지 나는 나무가 아니라 사람이다. 그래서 나무가 흙에 내리고 있는 그 뿌리가 나에겐 없는 줄 알았다. 직접적으로, 물질적으로 만져보고 느껴본 적이 없었으니까. 그런데 그날 처음으로 내 눈과 피부와 주변의 공기로 실체를 확인한 것이다. 사람도 뿌리를 가질 수 있나 보다.

프로그램이 마무리된 다음 날 강원도의 어느 텃밭에 복숭아나무와 헛개나무를 심었다. 진심을 다해 심었다. 뿌리들이 자리를 잘 잡을 수 있도록. 정성스럽게 삽질하고 물을 주고 기다리고 단단히 흙을 덮었다.

나를 힘들게 했던 성폭력 사건에 대해 시간이 흘러 고소장을 제출했다. 그러고 나서 1년. 마치 그 시간이 끊임없이 삽질하다 물을 주고

가만히 기다리던 나무를 심는 과정과 닮은 것 같기도 하다. 많이 돌아왔고 이제 절반 왔다. 기소 확정 후 다시 시작을 앞두고 있는 시점에서 나는 확인했다. 주변에 내 뿌리들이 각자의 굵기로 계속 지탱해주고 있어 줬구나. 뿌리들에게 진심을 다해 고맙다. 부디 나도 뿌리들에게 가늘더라도 영원히 지탱할 수 있는 뿌리가 되고 있길.

ㄴ 프로그램 참여 후 텃밭에
나무를 심었다. 진심을 다해.

— 프로그램 참여 후기를
그림으로 옮긴 것.

신체영토 활동을 할 때 나의 안과 밖 경계를 직접 정하고 내가 그만 하라고 할 때 정말 모두가 그만 하는 활동을 했다. 그만을 얘기했고 그게 지켜졌을 뿐인데 거기서 상당히 존중받고 있다는 느낌을 받았다. 그날의 활동지에 내가 이렇게 적어놨더라.

"'내가 영토 안과 밖의 영역 통제를 내 마음대로

할 수 있다는 전제하에,
나는 내가 생각했던 것
보다 더 내 영토를 오픈할
수 있는 마음이 있구나.
오히려 오픈하여 다른
영토와 교감하는 것을
반갑게 여기는구나'를
알아차렸다. 하지만 늘
그 통제가 어려워서 나는
긴장하고, 많은 것들을
밀어내고,
돌아선다."

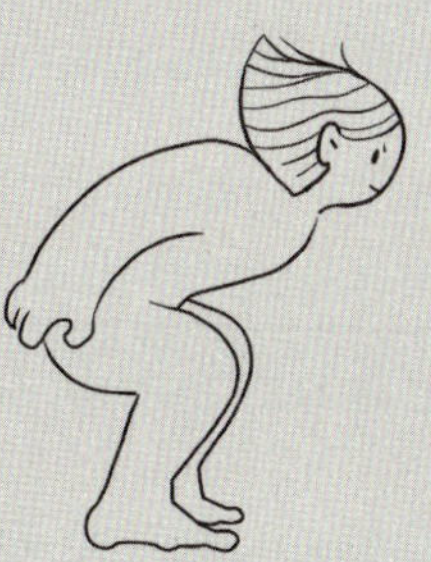

'그만'을 이야기하기, 신체주권

아직도 답을 내리지 못해 답답한 것이 있다. '그만'을 잘 못 하겠다. 그만 하라는 말을 못 하겠는 이유도 잘 모르겠다. 원인을 찾으려다 보니 내가 '그만' 하지 못했던 최초의 순간을 따라가 보면 내가 기억하는 첫 순간부터 나는 멈춰달라고 얘기하지 못하던 아이였다.

내가 그만 하라고 하지 못해서 일어난 일들이 내가 그만 하라고 하지 못했기 때문에 일어난 일이 아니라고 얘기를 들었던 적도 있지만, 사실 나는 아직도 스스로를 지키지 못한 것만 같은, 이 부끄러운 부채감에서 완전히 자유로워지지는 않은 것 같다. 그게 무척이나 어렵다.

신체영토 활동을 할 때 나의 안과 밖 경계를 직접 정하고 내가 그만 하라고 할 때 정말 모두가 그만 하는 활동을 했다. '그만'을 얘기했고 그게 지켜졌을 뿐인데 거기서 상당히 존중받고 있다는 느낌을 받았다. 그날의 활동지에 내가 이렇게 적어놨더라.

"'내가 영토 안과 밖의 영역 통제를 내 마음대로 할 수 있다는 전제하에, 나는 내가 생각했던 것보다 더 내 영토를 오픈할 수 있는 마음이 있구나. 오히려 오픈하여 다른 영토와 교감하는 것을 반갑게 여기는구나'를 알아차렸다. 하지만 늘 그 통제가 어려워서 나는 긴장하고, 많은 것들을 밀어내고, 돌아선다."

안과 밖의 경계를 스스로 통제하는 것이 어렵다고 요즘도 여전히 느끼며 나는 긴장하고, 많은 것들을 밀어내고, 밀리고, 돌아서기도 한다.
그런데 그전과 다른 것은 하나 있다.
내가 지키고 싶은 경계가 있고
나는 '그만'을 잘 못 하는
사람이란 걸 스스로 확인했다.

그리고 그런 나를 이해하고 싶은 마음이 생겼다. 언젠가 메모해놨었던 시 제목을 여기다 같이 꺼내보고 싶다.

> 어릴 때 배우지 못했는데, 커서 어떻게
> 동의를 말하겠는가
>
> (시집 『해와 그녀의 꽃들』 수록 시 제목)

글을 닫으려고 보니 이번 가을에 댄서스라운지에서는 무슨 일이 일어났었던 걸까?에 대한 답변을 조금 적어볼 수 있겠다. 상-여자의 착지술 팀원 분들이 보여준 섬세한 존중. 존중받는 기분을 매주 3시간씩 내도록 느낄 수 있도록 팀원 분들이 자분자분 꾸려놓아 주었던 그 공간과 활동이 더없이 특별했고 귀한 경험이었다.

뭐가 되었든 기술을 익혀놓으면 어디든 도움이 된다고 하는 어른들의 말들이 정말 지겨웠었다. 그놈의 기술!

근데 웬걸. 이번 상-여자의 착지술에서 위촉장을 받았는데 그게 얼마나 기분이 좋던지. 엄마 나도 기술 배웠어. 착지하는 기술!

상-여자 활동이 끝나고 한 달이 지났다. 여전히 앞으로가 뿌옇고 나도 나를 잘 모르겠다. 그래도 이 짧게 배운 착지술은 어디든 언제든 문득 도움이 될 때가 올 것이라는 확신이 든다. 뭐가 되었든 기술을 익혀놓으면 언젠가 도움이 되긴 되나 보다.

더 이상 숨지 않을 것이다

이슬비

초등학교 시절 성폭력을 당하고 심각한 내상을 추스르며 나 홀로 버텨 온 세월이 벌써 50년이 되어간다. 세월은 흘렀지만 전혀 잊히지 않고 내 가슴 한편에 켜켜이 쌓인 아픔이 늘 나에게 어떤 메시지를 보내고 있다. 그 시절 속수무책으로 무력하게 당해야만 했던 과거의 어린 나는 무엇이라도 해낼 수 있는 능력을 갖춘 현재의 나에게 그 춥고 무섭고 어두운 동굴에서 빨리 탈출시켜 달라고 애원하며 조르고 있는 것이다. 나 역시 항상 생각하고 있었고 내 살과 피에 그날의 기억을 분명히 새겨 넣고 와신상담하는 중이었다.

사실 가해자를 두 번이나 찾아가 사과를 받아내고자 했으나 실패했고 끓어오르는 분노를 이기지 못해 자살까지 생각했었다. 하지만 분을 삭이며 기회를 엿보던 차에 대학원 진학의 기회가 생겼고 나는 이 기회를 전혀 양심의 가책이라고는

없는 그 가해자의 악행을 세상에 알리는 기회로 삼고자 하여 논문을 쓰기로 했다. 막상 논문을 쓰려고 하니 막막했다. 어떻게 그 과정을 밟아야 할지도 모르겠고 나와 비슷한 처지의 사람들을 어떻게 만나야 할지도 잘 모르겠어서다.

성폭력과 관련된 기관들의 전화번호를 죽 나열해 놓고 무작정 전화를 걸었다. 그러다가 전주여성의전화에서 전주성폭력치료센터에서 프로그램을 하는 게 있는데 문의를 해보라고 하였다. 나는 가뭄에 단비라도 만난 기분이었고, 그렇게 상-여자의 착지술 프로그램과 인연을 맺었다. 당시 나는 머리가 매우 아팠고, 방향을 잡지 못하고 있었다. 몸도 마음도 매우 지치고 피곤했다.

설레는 마음으로 프로그램 장소에 발을 디디면서 난생처음 나와 비슷한 처지의 사람들과 함께할 것이라고 생각하니 가슴이 벅찼다. 그러나 한편으로는 고립되다시피 내 마음을 닫고 살아

왔기 때문에 누군가를 만나 눈을 바라보며 교감한다는 것이 어색하고 적응할 수 있을까하는 생각에 긴장이 되었다.

첫날, 불안과 대인공포증으로 인해 마음을 안정시키기가 힘들었지만 어떻게든 내 중심을 유지해 보려고 애썼고, 고개와 시선의 방향을 이 낯선 공간에 두어 빨리 적응해 보려는 의식적인 노력을 기울였다. 시간이 지나면서 성폭력 피해자들의 아픔을 진심으로 공감해 주면서 따뜻하게 먼저 다가와주는 프로그램 진행자와 협력하는 분들의 온정에 긴장했던 마음이 풀리면서 프로그램에 적극적으로 임하게 되었고, 함께 프로그램에 참여하는 나의 동지들도 한 사람, 한 사람 사랑을 담아 내 가슴으로 초대했다. '이분들도 나처럼 지독하게 아픈 시간을 보내고 있겠지', '이분들은 혼자서 그 힘든 시간을 어떻게 버텼을까', '아~ 나도, 이분들도 어두운 수렁에서 벗어날 날이 빨리 왔으면 좋겠다' 등의 염원을 담으면서.

프로그램은 내가 그동안 무심코 지나쳤던 내 느낌과 감각, 즉 시각, 청각, 촉각, 후각과 순간순간 흐르는 감정에 집중할 수 있게 해주었다. 솔직히 일상생활에서는 과거로 갔다가, 미래로 갔다가 원숭이처럼 날뛰는 생각 때문에 현재의 내 감각에 온전히 깨어 있지를 못했다. 그러다 보니 하루가 끝나는 시간이 다가오면 한 것은 별로 없는데 그냥 파김치가 되곤 했다.

눈을 감고 가만히 느껴본다. 나를 둘러싼 공기와 소리들, 손끝으로 다가오는 감촉들, 손과 손의 부드러운 터치, 봄날의 햇살 같은 진행자의 멘트, 그렇게 집중하다가 문득 왈칵 눈물이 쏟아질 것 같은 뜨거운 감정이 일었다. 얼마 만에 느껴본 감정인가! 모든 게 그저 고맙고 감사하게 느껴졌다. 평상시에는 무심코 지나칠 사소한 이 느낌들이 지금 이 순간 나란 존재를 생동감 있게 받쳐주고 있었던 것이다. 과거의 상처에 매몰되어 허우적거리며 살아온 세월 속에서 현재의 나는 늘 그렇게 희생당해 왔다는 생각에 한없이 미안하고 안쓰러웠다.

한편 내 몸의 경계를 설정하고 내가 원하지 않을 경우 거절할 수 있으며, 내가 만든 방에서는 누구든 내 방의 사용설명서를 따라 사용해야 한다는 규칙에 대해 내가 과거에 결심했던 내용과 겹쳐지면서 신선한 충격을 받았다. 그 가해자가 내가 거절했음에도 불구하고 협박하여 강제로 당했었고, 내 몸을 자기 마음대로 다루는 데 엄청난 치욕감과 모욕감이 들었었다.

그날 이후 나는 결심했다. 내 몸에 대한 소유권은 내게 있으며 내 허락 없이 내 몸을 함부로 대할 수 없고 내가 어떤 사람인지 알려는 노력 없이 나에게 섣부르게 다가오는 것을 허락하지 않겠다고. 프로그램 과정마다 나는 어떠한 사람인가? 나는 무엇을 느끼고, 생각하며, 원하고 있는가?하는 진지한 상념에 몰입하게 한다.

무엇보다 온몸에 감동으로 다가왔던 프로그램은 나를 한가운데 두고서

내 몸의 경계를 설정하고
내가 원하지 않을 경우
거절할 수 있으며, 내가 만든
방에서는 누구든 내 방의
사용설명서를 따라 사용해야
한다는 규칙에 대해 내가
과거에 결심했던 내용과
겹쳐지면서 신선한 충격을
받았다. 그 가해자가 내가
거절했음에도 불구하고
협박하여 강제로 당했었고,
내 몸을 자기 마음대로
다루는 데 엄청난 치욕감과
모욕감이 들었었다.

그날 이후 나는 결심했다.
내 몸에 대한 소유권은 내게
있으며 내 허락 없이 내
몸을 함부로 대할 수 없고
내가 어떤 사람인지 알려는
노력 없이 나에게 섣부르게
다가오는 것을 허락하지
않겠다고. 프로그램
과정마다 나는 어떠한
사람인가? 나는 무엇을
느끼고, 생각하며,
원하고 있는가?하는
진지한 상념에
몰입하게 한다.

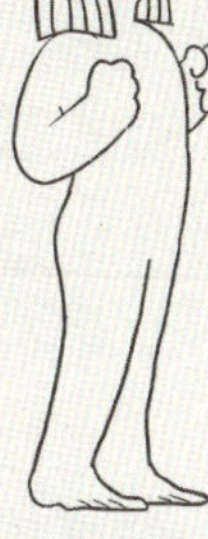

내가 어느 쪽으로 쓰러지든 나를 둘러싼 따스한 손길과 숨결들이 나를 받쳐주고 보호해 주는 것이었다. 어린 시절의 성폭력 피해는 세상을 불신하면서 나만의 동굴 속에 갇히게 만들었다. 따라서 누군가 따스하게 나를 감싸고 보호해 주면서 함께하는 것에 대해 익숙하지는 않지만 본능적으로 너무나 간절히 바라 왔기에 세포 하나하나가 요동치며 반기고 있었다. 아~ 아직도 내 몸은 그날 함께한 동료들의 따스한 온기를 기억하고 있다.

첫날 내 몸의 통증이나 느낌 등을 그림으로 표현해 보라고 했을 때 나는 온몸을 상처투성이로 묘사하였다. 각 신체와 장기는 서로 아프다고 아우성이고, 머릿속은 열을 받아서 스팀처럼 열이 계속 올라가고 있다. 참, 엉망진창인 모습이다. 하지만 마지막 날 나는 점토를 이용해 동심원을 그리며 점차 영역을 늘려가는 하트를 표현했다. 질서가 없었던 내 안이 질서가 잡히고, 힘듦이 다독여지고, 신뢰와 용기를 얻게 되어 힘이 생기자 본능적으로 사랑의 힘이 깨워진 것 같다. 그렇게 잔잔하면서도 나를 다시 한 번 돌아볼 수 있는 계기를 심어주고 상-여자는 떠나갔다. 이후 나의 일상은 차차 안정을 되찾아 갔다. 명상을 하면서 생각을 비우고, 거리를 걸을 때도 내 몸의 반응에 관심을 두면서 현재 의식에 명료하게 깨어 있으려고 노력하였다. 대학원 수업도 적극적으로 임했고, 과제도 잘 해냈다.

사실 오래전부터 참선, 명상, 마음수련 등을 하면서 내 마음을 다스려 보려고 노력해 왔었다. 그런데 근래 들어 대학원 공부한다면서 수련을 거의 하지 않다 보니, 내 머릿속은 생각이라는 원숭이들이 자기 마음대로 휘젓고 다녔다. 그런데 나는 내 앞에 닥친 현실적 문제에 너무 골몰하느라 되는대로 방치하고 있었던 것이다. 상-여자는 그런 나에게 각성할 기회를 주었고 지금-여기에 온전하게 깨어 있도록 경종을 울려주었다.

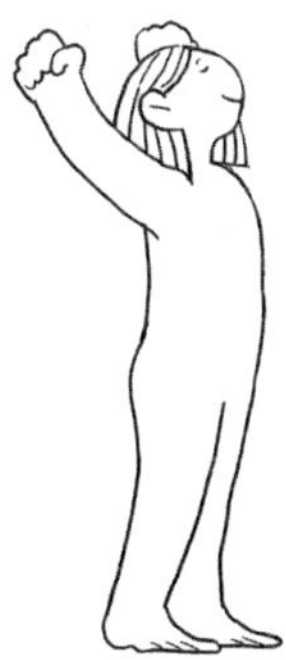

시간이 흘러 요즘 나는 성폭력 피해자들의 모임에 참여하고, 친족성폭력 공소시효 폐지 시위에도 참여하고 있다. 이제 나는 더 이상 숨지 않을 것이며 당당하게 성폭력 피해 사실을 말할 수 있게 되었다. 실제로 글쓰기 모임이나 논문의 연구자 내러티브를 통해 나는 내가 당해 온 성폭력 피해 사실을 낱낱이 세상에 공개했다. 이제는 자랑스러운 경험으로 말이다. 엄청난 시험을 통과한 승리자로서 말이다.

지금도 내 마음속에서 상-여자는 현재 진행 중인 내 삶에 대해 과거의 아픈 기억에 머물지도 말고 미래의 불안 속에 머물지도 말며 지금-여기에서의 내 느낌과 내 감각에 충실하면서 가볍게 나아가라고 주문하고 있음을 안다.

part 3

바닥을 넓히다

너와 나,
우리를 연결
하는 것은

고립에서 연결로

이성미

젠더폭력 정책에서 예술계라는 공백

나는 예술계에 데뷔한 이후 미투가 터지기 전까지는 성폭력 예방교육을 한 번도 받은 적이 없다. 기업, 공공기관, 학교에서 의무적으로 폭력 예방교육을 하고 있다는 사실도 몰랐다. 내가 처음 받은 성폭력 예방교육은 2017년 예술인복지재단의 예술인파견지원사업 퍼실리테이터 오리엔테이션에서였다. 2016년에 #○○계_내_성폭력 해시태그 운동이 있은 후 여성 예술인들이 예술인복지재단에 교육을 요구하여 실행된 것이다. 2019~2020년에 이르면 국가의 예술지원사업에 참여하는 예술인들의 성폭력 예방교육 이수가 의무화된다.

문화예술계 미투 이전에는 젠더폭력 근절 정책에서 예술계는 사각지대였으며 예술인을 범주화해 정책이 시행된 적이 없었다. 여성가족부는 3년마다 '성폭력 실태조사'와 '성희롱 실태조사'를 하고 있지만, 응답자의 직업을 체크하는 항목에 예술인이라는 범주가 없다. 문화체육관광부가 3년마다 실시하는 '예술인 실태조사'는 성폭력이나 성차별 실태를 조사하지 않는다. 문체부의 예술정책은 예술작품과 콘텐츠를 지원하는 것이었고, 폭력으로부터 안전하고 성평등한 예술환경을 만드는 일은 문체부의 역할이라 여기지 않았다. 미투 이전의 예술계는 여가부의 젠더폭력 정책과 문체부의 예술정책 사이의 공백지대에 있었다.

2010년 성폭력처벌법[1], 2004년 성매매처벌법[2], 1997년 가정폭력처벌법[3], 1987년 남녀고용평등법[4]이 제정되었다. 학교, 공공기관, 10인 이상 기업에서 폭력 예방교육은 법정 의무교육이 되었다. 국가인권위원회법에 인권위의 조사대상으로 성희롱 행위가 명시된 것은

1) 본 명칭은 「성폭력범죄의 처벌 등에 관한 특례법」
2) 「성매매알선 등 행위의 처벌에 관한 법률」
3) 「가정폭력범죄의 처벌 등에 관한 특례법」
4) 「남녀고용평등과 일·가정 양립 지원에 관한 법률」

2005년인데 여가부가 담당하던 기능이 인권위로 이관된 것이다. 예술계 반성폭력 정책활동을 하면서 내가 만났던 젠더폭력 전문가들은 우리나라의 성폭력 관련 법·제도와 피해자 지원제도는 아주 잘 만들어져 있으며 예술인들이 몰라서 제도를 이용하지 못하는 것이라고 말하곤 했다.

하지만 예술인들의 체감은 달랐다. 2018년에 문체부와 국가인권위는 공동으로 100일간 특별조사단을 운영하면서 예술계 종사자와 대학(원)생 4,300명을 대상으로 성희롱·성폭력 실태와 제도개선안에 대한 설문조사를 진행했는데, 예술인을 보호할 수 있는 법·제도가 부재한 것을 예술계 성폭력의 주요 원인 중 하나로 꼽았다.[5] 정책과 법은 우리의 일상과 거리가 먼 듯하지만 당사자의 이런 실제 감각에서 출발한다고 나는 생각한다. 젠더폭력 전문가와

5) 『문화예술계 성희롱·성폭력 특별조사단 결과보고서』, 2018, 17쪽.

예술인의 현황 진단이 왜 달랐을까? 답은 '프리랜서'라는 사각지대에 있었다.

프리랜서의 자유란: 제도의 바깥에서 고립될 자유

프리랜서는 모든 것을 알아서 잘 해야 한다. 우리나라 정책은 기업, 공공기관, 학교, 즉 조직을 중심으로 제도화되어서 프리랜서는 성희롱 구제절차, 노동권, 사회보장제도에서 배제되어 있다. 은행 대출을 신청할 때도, 건강보험공단에 전화해도 우리에게 사업자인지 근로자인지 물으며 거기에 프리랜서라는 답안지는 없다.

예술인은 예술활동 특성상 '임금을 받는 근로자'로 고용된 방식이 아닌 프리랜서 방식으로 일을 하게 되는데 약 75%의 예술활동이 프리랜서 방식으로 이루어진다.[6] 문화예술 용역이라 부르든, 저작권자라 부르든, 사업소득 세금을

6) 예술활동 전업인 경우 78%, 다른 일과 겸업하는 경우 72%이다.
『2021 예술인 실태조사』, 문화체육관광부.

내든, 제도화된 조직에 소속되지 않은 프리랜서인 것은 마찬가지다.

성폭력 피해자가 프리랜서라면 스스로 방법을 찾아야 한다. 피해를 어디에 신고할지, 어디서 도움을 받을지, 책임 있는 조치를 어디에 요구할지 아무도 알려주지 않으며 아는 사람도 없다. 제도가 없기 때문이다. 일상을 회복하고 폭력으로 멈추어졌던 작업과 공부를 다시 잇는 과정 또한 스스로 알아서 '잘' 해야 한다. 프리랜서는 제도의 돌봄 없이 제도의 바깥에 방치되어 있다는 뜻이다. 이 사실을 나는 제도의 보호를 받고 있는, 예술계 바깥의 사람들을 통해 알게 되었다.

예술인권리보장법[7] 제정의 필요성을 설득하기 위해 국회의원, 변호사, 정부 부처 공무원을 만나면, 왜 예술인만 따로 법을 만드느냐, 국가인권위에 가거나 여가부 기관에 가면

7) 본 명칭은 「예술인의 지위와 권리의 보장을 위한 법률」

되지 않느냐고 말했다. 이 말을 100번은 듣고 답한 것 같다. 심지어 예술인권리보장법이 2021년 국회에서 통과되어 제정, 공포된 후에도 예술계 종사자로부터 들었고 이번 달에도 어떤 변호사로부터 들었다. 예상되는 질문이라서 묻기 전에 내가 미리 설명하기도 한다. 이제는 화도 나지 않으며 한숨 한 번 쉬고 로봇처럼 답할 수 있다. 어쨌든 법이 제정되었다!

프리랜서 사이에서 발생한 성희롱 사건을 취급하는 기관은 없다. 성범죄는 형법과 성폭력처벌법에 따라 형사처벌되며 친고죄가 아니라서 당사자뿐 아니라 제3자도 고발할 수 있고 고소·고발이 없어도 수사기관이 인지수사할 수 있는 사회적 범죄이다. 피해를 당한 국민은 누구든 성범죄 가해자를 형사고소할 수 있다.

하지만 조직 내에서 사건을 처리하고 징계조치나 인사조치를 하도록 되어 있는 성희롱은 다르다. 우리나라 법은 사업주 또는 공공기관의 장에게 성희롱 사건 처리의 책임을 부과한다. 성희롱은 '업무 관련성'을 핵심으로 하는 개념으로 일터와 교육현장 등 업무영역에서 발생하는 성적 괴롭힘(sexual harassment)을 뜻한다. 그런데 국가인권위원회법, 양성평등기본법, 남녀고용평등법의 '성희롱' 정의 조항은, 국가기관, 지방자치단체, 각급 학교 등 공공기관의 종사자 및 기업의 사용자 또는 근로자가 하는 행위로 주체를 한정한다.

프리랜서 간에 업무를 하다가 일어나는 성희롱은 법률상 성희롱으로 인정되지 않기 때문에 국가인권위에 가도 조사대상이 되지 않는다. 또한 여가부는 2005년 조사권한을 국가인권위에 이관한 후로는 피해자 지원업무만 담당하며 성희롱에 대한 행정적 사건처리 시스템을 갖고 있지 않다.

미투 이후 문체부에서 실시한 예술계 성폭력 실태조사 결과를 보면, 문화예술계 성희롱·성폭력은 상호 프리랜서 관계에서 발생하는 경우가 대다수다.[8] 하지만 프리랜서 예술인은 소속 조직이 없으므로 사건 처리를 책임지는 곳이 없었다. 예술인권리보장법은 프리랜서 예술인의 성희롱 사건 처리에 대한 법적·제도적 사각지대를 해소하는 법이다.

예술계의 성희롱과 성폭력을 '예술활동 또는 예술교육활동 관련한' 행위로 정의함으로써 예술계의 '업무 관련성'을 법률적 개념화했고, 성희롱 사건 처리의 책임은 문체부가 담당하도록 했다. 문체부에 신고-조사-심의·의결-구제조치 프로세스를 만들고, 문체부가 구제조치 명령, 국고 재정지원 중단 또는 배제, 과태료 부과 등 행정처분을 하여 소속이 없는 가해자에 대한 징계성 조치가 가능하도록 했다.

프리랜서 예술인의 성희롱을 법제화하는

8) 2017~2018년 문학, 미술, 사진, 공연예술, 영화, 만화웹툰 분야의 실태조사에서 성희롱·성폭력 가해자 유형 1순위는 '선배 예술가'였으며, 그 외에도 동료 예술가, 기획자 등 상호 프리랜서 관계가 대다수를 차지했다.

것은 예술인이 직업인이라는 것을 사회적으로 제도적으로 인정받는 과정이다. 즉, 예술인이 겪은 성희롱은 직업활동을 하다가 발생한 피해라는 것이다. 예술계는 예술인에게 공적인 일터이며 예술활동은 일을 하고 보수를 받는 엄연한 직업이고 업무이다.

이 당연한 현실이 법률에서는 인정되지 않았다. 프리랜서 예술인은 법률상 임금을 받는 '근로자'가 아니라서 노동권이 없고, 근로자나 공공기관 종사자가 아니라서 국가인권위에 성희롱 사건 해결을 요구할 수 없다. 예술인권리보장법은 성희롱뿐 아니라 예술인조합의 결성권과 교섭권을 명시함으로써 예술인의 직업적인 권리, 즉 노동권을 부분적이지만 법률로 보장했다.

여성 예술인들이 만든
예술계 성폭력 근절 정책

회의나 토론회에서 수없이 얘기한 것이 또 있다. 문화예술계 미투는 2018년이 처음이 아니라는 것. 할리우드 미투 이전에 국내에서는 #○○계_내_성폭력 해시태그 운동이 있었다. 2016년 10월 #오타쿠_내_성폭력을 시작으로 #문단_내_성폭력을 비롯해 영화계, 미술계, 디자인계, 사진계, 만화계, 출판계에서 성폭력 고발이 해시태그를 달고 봇물 터지듯 SNS를 뒤덮었다.

기성 예술인에게 성폭력과 성희롱 피해를 입은 예비 예술인들과 신인 예술인들의 증언은 문화예술계 성폭력의 구조와 양태를 드러냈으며, 개별적으로 겪은 사건들이 #○○계라는 해시태그로 묶임으로써 ○○계라는 공동체를 해결 주체로 호출하였다. ○○계마다 예술인들의 자발적 대응단체들이 속속 결성되어 성명서를 발표하고 활동을 시작했다.

당시 나는 문학계 성폭력을 신고할 창구와 사건을 처리할 시스템이 필요하다고 생각해 '상설기구'를 만드는 플랜을 문서로 정리해놓고 동료 작가들과 공유하며 어디서부터 어떻게 시작할지 고심하고 있었다. 한편 시각예술 분야 대응단체 '여성예술인연대(AWA)'는 성폭력 예방정책 3가지를 요구하는 성명서를 발표하고 온오프라인에서 예술인들의 서명을 받은 후 미술관, 예술인복지재단 등 공공기관과 예술계열 대학에 내용증명을 발송했다. '여성영화인모임'은 영화계 성폭력 '전담기구'를 만들 계획이라고 밝혔다. 이렇듯 ○○계의 대응단체들은 각자 제도적 정책적 과제를 내놓으면서 서로 멀리서 '전담기구'에 대한 영감과 영향을 받고 있었다.

그리고 2017년 1월에 문화예술계 성폭력을 주제로 국회에서 토론회가 열리면서 여성 예술인들의 자발적 움직임이 법과 행정 제도권과 연결되는 계기가 만들어진다. 우리는 정춘숙

의원실의 보좌관으로부터 토론회 참석을 제안 받았고, 국회 토론회에서 다른 ○○계 대응단체와 성폭력 전문 변호사, 여성단체, 문체부와 여가부 공무원을 만났다. 토론회 후에는 의원실의 주선으로 문체부와 현장 예술인들의 간담회 일정이 잡혔다.

○○계 성폭력 대응단체 9개는 이때 모두 연결되어 예술계 성폭력 정책과 제도를 만드는 일에 공동대응하기 위해 연대체 '여성문화예술연합(WACA)'을 결성했다. 9개 단체는 여성문화예술연합 활동을 겸할 예술인을 2~3인씩 배정하고 문체부 간담회를 준비하기 위해 바로 정책 토론을 시작했고, 예술계 성폭력 근절과 예방을 위한 정책 11가지를 담은 정책 제안서를 작성해 2017년 2월 문체부를 만나게 된다.

여성 예술인들이 만든 정책은 예술계 성폭력 실태조사, 예방교육, 피해자 지원 및 보호, 신고와 사건처리 시스템, 가해자 제재조치, 계약서의 성폭력 방지조항, 지역 정책 등이며, 2018년 미투 이후 정부가 발표하고 시행한 문화예술계 성폭력 방지 정책의 뼈대가 되었다.

예술계 여러 장르에서 동시다발적으로 공론화된 피해들, 그리고 장르별 대응단체들이 모색하는 정책 대안들, 국회를 어떻게 활용할지 알려주고 정부로 연결해 준 의원실 보좌관들, 성폭력 전문 변호사들, 정책을 시행해 보려는 문체부와 여가부의 몇몇 공무원들이 서로 연결되었다. 그러나 2017년이 끝날 무렵 우리가 제출한 정책 제안서는 문체부 서랍 깊숙이 들어갔다. 당시 문체부는 블랙리스트 실행 부처로 진상조사를 받으며 쑥대밭이 된 상태였긴 하지만, 문학, 미술, 사진 분야 시범 실태조사를 한 것 외에 달라진 것은 없었다.

그런데 2018년 문화예술계 미투가 기폭제가 된다. 각계 권력자에 대한 미투가 사회를 뒤흔들었고 문화예술계의 명망 있는 예술인들에 대한 미투가 연이어 터지자 문체부는 이 정책들을 실행하겠다고 급히 발표했다. 여성문화예술연합은 이번이 아니면 더 기회가 없다고 판단하고 열린 문으로 들어가 적극 활동하기 시작했다.

그 후 5년은 2017년 2월에 여성 예술인들이 모여서 만든 정책을 행정적으로 법률적으로 구현하는 과정이었다. 항의하고, 설득하고, 기자회견, 토론회, 자문회의, 간담회, 성명서, 보도자료, 언론 인터뷰, 대정부 질의, 의견서 제출, 거버넌스 참여, 국회 방문 등등. 이미 정책안과 법안이 나와 있는데도 정책이 시행되고 법률로 만드는 과정이 이렇게 길게 이어질 줄은 몰랐다.

그중 가장 지루하고 힘들었던 것은 국회에서 법률을 제정하는 일이었다. 예술인들은 정치세력화되어 있지 않았고, 우리 사회와 정치는 예술인들을 한편으로 선망하고 한편으로 멸시하면서, 경청해야 할 의견을 가진 집단으로 취급하지 않았다.

두 번의 국회 발의 끝에 예술인권리보장법이 제정되어 2022년 9월 25일부터 시행되었다. 예술인권리보장법은 예술인이 창작을 하고 발표를 하는 예술활동 또한 하나의 직군으로서 예술인은 조직에 고용된 형태가 아니더라도 정당한 보상을 받을 권리와 공정한 계약을 할 권리, 예술활동 중 성희롱·성폭력을 당하지 않을 권리가 있음을 명시하고, 이러한 권리가 침해되었을 때 권리구제를 받을 수 있는 절차와 기구를 법률에 규정하여 예술인의 권리구제의 길을 연 법이다.

2018년부터 4년 동안 법률과 시행령이 제정될 때까지 활동한 '예술인권리보장법 입법추진 TF'는 현장 예술인과 예술단체가 참여해 장르별, 권리침해 유형별 특성을 협의하여 법률 발의안에 추가했고 국회 발의와 통과를 견인했다. 예술표현의 자유, 예술인의 노동권,

"내가 이러려고 힘들게 싸웠나?" 어느 피해자가 말했다. 예술인 가해자가 다수의 피해자에게 저지른 성폭력이 유죄판결을 받아 징역형이 대법원에서 확정되고 손해배상 청구소송에서도 승소한 후였다. 또 다른 피해자는 법적 싸움이 다 끝나서 이제 일상으로 돌아가면 되는 순간에 그동안 괜찮았던 마음이 걷잡을 수 없이 무너져내렸다고 했다.

한 피해자는 재판에서는 이겼지만 예술계를 떠날 것이며 더 이상 예술을 할 수 없을 것 같다고 말했다. "가해자는 감옥으로, 피해자는 일상으로"라는 슬로건대로 가해자는 감옥으로 갔다. 그런데 피해자는 일상으로 돌아갔는가? 법적 처벌이 이루어졌는데 피해자는 왜 피해 이전의 일상을 회복하지 못하는가?

예술계 성폭력 근절을 위해 활동해 온 3개 영역의 예술단체들이 모여 예술인이 공통적으로 겪는 권리침해임을 동의하고 합의해 온 과정이었다.

새로운 법이 만들어졌다는 것은 법이 없는 영역에서 오랫동안 피해와 피해자가 발생해 누적되었다는 뜻이다. 예술인권리보장법의 조문 하나하나는 수많은 예술인과 예비 예술인들이 법과 제도의 사각지대에서 긴 시간 겪어 온 권리침해와 회복되지 않은 피해를 기반으로 만들어졌다.

예술인의 권리침해는 맞닿아 있다. 내가 받은 원고 청탁서의 절반은 원고료를 알려주지 않거나 다른 조건을 붙이는 불공정한 계약서였고, 지금도 계약 조건의 수정을 요구하거나 부당한 조건의 원고를 거절하는 메일을 쓴다. 여전히 저작권료 내역에 대한 정기보고는 받지 못하고 있다. 예술계 구조에서 가장 취약한 집단이 피해자가 된다. 예비 예술인, 신인 예술인, 학생, 여성,

프리랜서는 성폭력과 불공정행위로부터 안전하지 못하다.

괄호에 넣어두었던 질문: 일상 회복과 신뢰의 재구성

문체부가 예술계 성폭력 방지 정책을 시행하기 시작한 지 4년이 되었다. 예술인권리보장법 제정으로 그 정책들이 법제화되었고 재정지원 중단 등 가해자에 대한 징계성 조치의 법률적 근거도 생겼다. 정책과 제도를 만드는 활동을 해오는 동안 괄호에 넣어두었던 질문이 있다. 그 질문에 대해 얘기하려고 한다.

“내가 이러려고 힘들게 싸웠나?” 어느 피해자가 말했다. 예술인 가해자가 다수의 피해자에게 저지른 성폭력이 유죄판결을 받아 징역형이 대법원에서 확정되고 손해배상 청구소송에서도 피해자들이 승소한 후였다. 또 다른 피해자는 법적 싸움이 다 끝나서 이제 일상으로 돌아가면

되는 순간에 그동안 괜찮았던 마음이 걷잡을 수 없이 무너져내렸다고 했다. 한 피해자는 재판에서는 이겼지만 예술계를 떠날 것이며 더 이상 예술을 할 수 없을 것 같다고 말했다. "가해자는 감옥으로, 피해자는 일상으로"라는 슬로건대로 가해자는 감옥으로 갔다. 그런데 피해자는 일상으로 돌아갔는가? 법적 처벌이 이루어졌는데 피해자는 왜 피해 이전의 일상을 회복하지 못하는가?

상-여자의 착지술 프로그램을 기획하고 참여한 사람들의 이야기를 들여다보면 저 슬로건이 왜 그렇게 도달하기 어렵고 또 중요한지 알 수 있다. 기획단은 프로그램 중 '신체의 힘 세우기'에 대해 '의도'를 이렇게 적었다.

> "몸과 자아의 균형을 위해 몸의 안과 밖 경계에 대해 느끼고자 한다. 상징적 피부라고도 하는데 몸을 둘러싸고 있는 비가시적 공간과 거리감을 느끼는 경험을 만들고자 했다. 피부가 경험하는

안전한 영역에서 방어 동작을 취해 보면
직간접적으로 신체의 힘이 세워지고,
이런 활동으로 인해 자신감이 생겨나길
기대했다."

『상-여자의 착지술』(2020, 48쪽)

예술계 성폭력은 예술계에서의 우월적 지위를 이용한 것이기 때문에 신뢰하고 존경하던 예술인에게 폭력을 겪게 된다. 가해자는 내가 좋아하던 예술작품을 만든 사람이다. 2018년 문화예술분야 권력자와 대학교수에 의한 성폭력 미투가 있었을 때 가해자들의 예술작품은 정전(正傳)과 같은 위치를 갖고 있었다. 이들의 작품을 보며 예술가가 되기로 결심한 예술인도 많았을 것이다.

이러한 신뢰관계에서 발생한 폭력은 타인에 대한 신뢰의 가치체계를 무너뜨리고 자신의 판단을 불신하게 만든다. 일상을 회복하려면 타인과의 적정한 거리감과 경계를 새롭게 세워 신뢰를 재구성하는 것이 필요한 이유다.

2018년 한국여성인권진흥원은 '공공기관 성폭력 100일 특별신고센터'를 운영하고 그해 말까지 다양한 후속사업을 진행했는데 공공기관이나 학교의 성폭력 대응체계를 점검하는 컨설팅을 하기도 했다. 문화예술계 미투 후속사업으로는 예비 예술인 피해자에게 창작수업 수강을 지원하거나, 예술인을 연계해 창작 멘토링 지원을 시도했다.

미투 이후 학교 교수였던 가해자의 돌연한 사망으로 재학생과 졸업생들이 집단적으로 2차 피해를 겪은 사건의 경우 자신들이 하고 싶은 얘기를 연극으로 만드는 워크숍과 공연을 지원했다. 피해자 지원의 목표가 가해자 처벌에서 끝나는 것이 아니라, 피해자가 피해 이전의 일상을 회복하고 중단된 예술활동을 지속하게 하는 것이라는 점을 일깨우는 시도였다고 생각한다.

그 후 나는 문체부나 피해자 지원을 맡은

예술인복지재단을 만나면 피해자 지원은 법률 서비스나 심리상담, 치료비 지원뿐 아니라, 피해자가 예술활동을 이어갈 수 있도록 지원하는 데 이르러야 한다고 말했다. 피해자는 어느 날 폭력의 대상이 되어 돌연 일상이 중단되고 피해의 시간을 반복해서 살아가게 되는데 일상을 회복하는 책임까지 혼자 떠맡아야 하는가?

다행히 예술인권리보장법 시행령에 그 내용이 담겨서 행정적, 법률적 근거가 만들어졌다. 예술인권리보장법 제17조와 시행령 제7조는 문체부가 시행해야 할 성희롱·성폭력 방지조치를 명시하고 있는데, "성희롱·성폭력 피해자의 예술활동 재개(再開)를 위한 지원방안 마련"(법 시행령 제7조 제2호) 또한 문체부 장관의 책무다.

성폭력방지법[9] 또한 제3조에서 국가와 지방자치단체는 성폭력을 방지하고 성폭력

9) 본 명칭은 「성폭력방지 및 피해자보호 등에 관한 법률」

피해자를 보호·지원하기 위한 조치를 할 책무가 있다고 규정하고, 제3조 제4호에서 "피해자에 대한 주거지원, 직업훈련 및 법률구조 등 사회복귀 지원"을 명시하고 있는데, '예술활동 재개 지원'은 '사회복귀 지원'의 예술계 버전이라고 할 수 있다. 문체부와 예술인복지재단은 예술활동 복귀 지원의 필요성에는 공감하지만 어떤 프로그램이 가능한지 구체적 모델을 떠올리지 못하는 상태인데, 2018년 여성인권진흥원의 사례나 상-여자의 착지술이 예시가 될 것이다.

상-여자의 착지술 기획단의 글을 읽으면서 자주 코끝이 찡해졌다. 신체감각을 회복하고 타인에 대한 그리고 자신에 대한 신뢰를 회복하려고 프로그램에 참여하는 사람들을 보면, 왜 폭력이 행해져선 안 되는지 감각적으로 알게 된다. 피해자이자 연대자로 활동하던 이들이 스스로 신체와 마음을 돌보려는 '자조(自助)'로부터 시작된 이 프로그램은 이들의 자조 행위가 곧 다른 피해자를 돕는 일이 되는 과정을 보여준다.

다른 사람을 살피는 말을 읽으며 생각했다. 그동안 예술은 그토록 아름다운 형식을 가진 언어들로 왜 사람을 할퀴는 결과와 과정을 만들어 왔나. 그런 예술관과 결별하고 우리가 나아가려는 곳이 어떤 세계인지에 대해, 프로그램 참여자의 모습을 기록한 기획단의 글(같은 책, 43쪽)을 인용한다.

"잘 살려는 의지로 가득한 친구들"
"아, 이 공간은 삶의 의지로 가득 차 있다."

예술의 쓸모

고주영

"어떡하겠어요. 살아야죠! 바냐 삼촌, 우리 살도록 해요. 길고도 숱한 낮과 기나긴 밤들을 살아나가요. (……) 그러다가 우리의 시간이 오면 공손히 죽음을 받아들이고 내세에서 말하도록 해요. 우리가 얼마나 괴로웠고, 얼마나 울었는지, 그리고 얼마나 슬펐는지 말이에요. (……) 지금 우리의 불행을 감동과 미소로 뒤돌아보면서 우린 쉬게 될 거예요."

(……)

예술이 뭔가를 할 수 있을 거라고 생각하고 이 길을 택해서 살고 있는데, 내가 지금 어디에서 뭘 하고 있는 걸까, 하는 생각이 들 때, 허울 좋은 예술이라는 이름으로 누군가의 삶을 함부로 말하고 재단하는 예술작품을 볼 때, '예술가'이기 때문에 특별한 대우를 받거나 나도 모르게 특권의식을 갖고 있다는 사실을 깨달을 때…… 나는 바냐 아저씨이기도 하고, 바냐를 좌절하게 했던 예술가 나부랭이이기도 하고 소냐가 되어 스스로에게 이 대사를 하는 것도 같아요.

무슨 말인가를 전하고 싶어서 예술이라는 끈을 붙들고 나름 열심히 살아 온 것 같은데, 나의 예술은 지독히도 허약하고 저는 결국 어딘가를 정처 없이 둥둥 떠다니고 있다는 생각이 들어요. 그것도 혼자서요. 아무 흔적도 남기지 못한 채로요. 가다 보면 닿을 곳이 보일 줄 알았는데, 왜 언제나 처음인 것처럼 아무것도 모르겠고, 방향을 잡지 못하는지 모르겠어요. 올 한 해 잠시 쉬어가겠다고 마음먹었는데, 그러면 충전이 되어 조금 더 용기가 생길 줄 알았는데, 그렇지도 않아요. 난 또 먹고 살기 위해 일 년을 달렸고, 찬바람이 불기 시작하면서 다시 초조하고 두려워지기 시작했어요. 내년엔 또 어디로 떠나야 할까. 무엇을 위해 떠나야 할까. 무엇을 할 수 있을까. 하나도 모르겠어요. 그래도, 살아나가야 하는 걸까요? 진짜 아마추어 같네요."[1]

나는 공연을 '기획'하는 사람이다. 지금, 관객과 세상을 향해 하고 싶은 이야기가 떠오르면 극작을 하거나 연출을 하거나 연기를 하는 사람에게 협업을 제안하고 그 하고 싶은 말을 극장이든 야외든 성격에 맞는 공간에서 공연의 형태로 만드는 일을 한다. 그런데, 무엇을 해야 할지 막막하여 스스로 안식년을 선언하고 한 해를 보내다가 어떤 공연에 '출연'을 제안받았다.

1) 펭귄어패럴 <별점 없음-아마추어의, 아마추어에, 아마추어를 위한 실험> 공연(신소우주 기획·구성·연출, 2022년 12월 3~4일, 비정규노동자의집 꿀잠) 중.

노동하여 투쟁해 온 구로공단 출신 50대 여성 미싱사 두 분과 계속해서 공연을 만들어 온 팀이었고, 나는 지금껏 그들의 작업에 애정과 지지를 보낸 '관객'이었다. 나의 공연 중 역할 역시 '관객2'. 두 미싱사 언니의 사는 이야기에 이어 내 이야기를 독백으로 적어달라는 요청을 연출로부터 받았다.

무슨 얘기를 해야 할지, 하고 싶은지를 오래 고민하지는 않았다. 내 독백에 앞서 한 언니가 자기 딸이 주인공 역을 맡은 러시아 극작가 안톤 체홉 얘기를 했고, 나는 단번에 첫줄의 저 대사를 떠올렸다. 그리고 내가 왜 그렇게 그 대사를 자꾸만 읊조리고 되뇌는지를 적었다.

말이 좋아 안식년이지 특별히 하고 싶은 이야기가 떠오르지 않았고, 억지로 제출한 지원신청서는 보기 좋게 떨어졌고, 어디에서도 너의 기획을 우리와 함께 해달라는 초청을 받지 못했다. '기획자'로서 낭떠러지에 선 것 같았다. 지금까지 내가 해 온 것이 모두 한순간에 의미를 잃은 것 같았고, 해가 바뀌면 나아질 수 있으리라는 자신이 없었다.

그렇게 일 년 동안 속으로만 삼켜 온 절망을, 방향을 잃었음을 한달음에 적어 내려갔고, 두 번의 공연에서 이 독백을, 울음을 애써 눌러가며, 읽었다. 첫 공연 전의 정신없는 시간이 지나고, 두 번째 공연을 앞두고는 이 독백이 너무 부끄러웠다. 아니, 정확히 말하자면, 이 독백과 같은 생각을 내가 하고 있다는 것을 누군가 아는 사람이 섞여 있을지도 모르는 관객 앞에서 공표하는 것이 부끄러웠다.

적어도 겉으로는 혼자 힘으로 일관된 생각으로 기획을 해나가는 사람, 자기 길에 한 점 의심 없어 보이는 사람인데, 속으로 저렇게 벌벌 떨며 어디로 갈지 몰라 울고 있다고 고백하기가 무서웠다. 누군가는 알지도 못하는 예술 얘기가 지루할 수도 있고, 누군지도 모르는 사람의 약한 소리에 진저리를 칠지도 모르는 일이다.

그제야 대본을 바꾸겠다고 할 수도 없고, 도망을 갈 수도 없는 노릇이어서 나는 두 번의 공연을 '무사히' 마쳤다. 두 번째 공연, 같이 무대에 오른 한 언니가 나의 독백 후 애드립으로 "괜찮아, 사는 게 다 그래"라고 얘기해줬다. 그 한마디에 꾸역꾸역 두 번째 공연에 임한 나의 마음은 구원을 받은 느낌이었다. 누군가 내 얘기를 귀 기울여 들어줬다는 사실, 그 사람이 40년간 노동과 투쟁과 삶에 헌신해 온 사람이라는 사실, 아무렇지 않은 듯 말했지만 살아 온 삶에서 나온 그 한마디가 다른 시선, 다른 의견은 아무렇지 않게 만들어줬다.

그리고, 이 '다큐멘터리 연극'에 출연한 나는 내가 기획했던 소위 '다큐멘터리 연극'에 출연했던 나의 협업자들을 떠올렸다. 그분들도 공연이 끝난 후, 이런 마음을 느꼈을까. 나는 언니처럼 말 한마디로 다른 사람의 고민과 삶을 지지해 주는 동료였을까. 무엇이든 들어주고 품어줄 수 있는 품과 태도를 가진 협업자였을까.

*

〈연극연습2. 연기 연습-배우는 사람〉(신재 연출, 마민지 영상, 김성실 이미경 출연, 0set프로젝트 공동제작, 2019)의 주인공 배우 두 분은 세월호 참사로 아이를 잃은 어머니였다. 거슬러 올라가 세월호 참사 이듬해인 2015년부터 매년 5월에 안산의 곳곳을 관객과 함께 5시간 이상을 걸으며 몸의 고통을 통해 참사에 대한 기억과 사유를 촉발하고자 하는 기획이었던 〈안산순례길〉을 통해 이 어머님들을 만났다. 참사 직후에는 차마 '연극'을 핑계로 유가족에게 다가갈 생각조차 하지 못했지만, 프로젝트가 5년간 지속되면서, 〈안산순례길〉은 유가족들의 지원과 지지에 힘입어 2019년까지 프로젝트를 이어갔다.

그중에서도 특히 개인적인 친분이 생긴 분들이 〈배우는 사람〉의 두 어머님이었다. 유가족들의 활동, 두 분이 속해 있던 4.16합창단이나 극단에서의 활동에서는 볼 수 없었던 캐릭터, 그 뒤에 숨겨져 있는 두 분이 살아 온 인생, 활동 이외의 일상 등. 세월호 유가족이라는 원치 않았던, 예기치 않았던 이름 때문에 미루고 숨겨 올 수밖에 없었지만 나는 들을 수 있었던 두 분의 진짜 이야기를 무대에서 들려주고 싶었고, 이렇게 삶을 계속 살아내는 사람들의 수행과정이 즉 '연기'이어야 하지 않을까하는 질문을 던지고 싶었다.

공연 연습은 유예할 수밖에 없었던 두 분의 꿈, 노래강사, 유튜버가 되는 교육을 받는 과정이었고, 공연에서 한 분은 관객을 대상으로 노래강사 실습을, 한 분은 관객의 조언을 받아가며 유튜브 채널을 열고 첫 번째 콘텐츠를 업로드했다. 실습용 가요 가사에서 떠나보낸 아들을 떠올릴 수밖에 없었고, 일상 스케치 영상 안에는 추모관으로 아이를 만나러 가는 모습이 담길 수밖에 없지만, 그 두 분을 구성하는 정체성 안에는 단지 세월호 유가족만 있는 것이 아니라, 50대 여성이자 주부이자 아내이자, 남은 아이의 어머니이자, 전직 부동산 사장님이자,

유튜버이자, 노래강사이자 배우라는 모습이 있음을 다시 한 번 확인하는 과정이었고, 두 분에게는 연극, 예술을 '활용'해 자신들의 다른 삶을 꿈꿔볼 수 있는 시간이었다.

<연극연습3. 극작 연습-물고기로 죽기>(김비 작, 정은영 연출, 2021)는 '나이 들어가는 성소수자는 어떻게 살아야 하나'라는 개인적인 질문에서 시작해 '우리나라 최초의 트랜스젠더 작가'라는 타이틀이 항상 붙는 김비 작가에게 첫 연극 대본을 의뢰한 기획이었다. 김비 작가는 상상이나 가공된 이야기가 아닌 죽음을 앞둔 자신이 남기는 유서라는 형식으로 자신의 삶을 그대로 대본으로 풀어냈다.

지금도 마찬가지지만, 90년대에 트랜지션을 한 선배 성소수자가 겪은 아픔, 슬픔, 그리고 결국은 자신의 힘으로 얻어낸 여성으로서의 삶, 성별과 상관없는 인간으로서의 삶, '트랜스젠더 작가'이기 이전에 '작가'로서의 고민 등이

한 언니가 나의 독백 후 애드립으로 "괜찮아, 사는 게 다 그래"라고 얘기해줬다. 그 한마디에 꾸역꾸역 두 번째 공연에 임한 나의 마음은 구원을 받은 느낌이었다. 누군가 내 얘기를 귀 기울여 들어줬다는 사실, 그 사람이 40년간 노동과 투쟁과 삶에 헌신해 온 사람이라는 사실, 아무렇지 않은 듯 말했지만 살아 온 삶에서 나온 그 한마디가 다른 시선, 다른 의견은 아무렇지 않게 만들어줬다.

그리고, 이 '다큐멘터리 연극'에 출연한 나는 내가 기획했던 소위 '다큐멘터리 연극'에 출연했던 나의 협업자들을 떠올렸다. 그분들도 공연이 끝난 후, 이런 마음을 느꼈을까. 나는 언니처럼 말 한마디로 다른 사람의 고민과 삶을 지지해 주는 동료였을까. 무엇이든 들어주고 품어줄 수 있는 품과 태도를 가진 협업자였을까.

그대로 대본에 녹아들었고, 더 이상 스스로 삶을 마감하는 성소수자가 없기를, 모두가 자연사하기를, 모든 트랜스젠더에게, 퀴어한 삶에게 응원과 지지와 축복을 보내는 결말이었다.

나는 이 대본이 극작가뿐 아니라 퀴어들이 퀴어들에게 보내는 응원과 축복의 메시지가 되도록 프로덕션을 구성했고, 창작진은 이 대본 속의 삶을 모방과 재현이 아닌 방식으로, 그 삶을 체화하는 방식으로 무대화하기 위해 치열하게 고민했다.

<연극연습4. 관객 연습-사람이 하는 일>(이진희 구성·연출, 장애여성공감 극단 빛나는허리 공동제작, 2021)은 장애인과 함께 살아가기 위해, 머리로 알고 있는 것과는 달리 어떻게 해야 할지 몰라서 차별에 가담하는 사람이 되지 않기 위해, 우리는 무엇을 어떻게 해야 하고, 할 수 있는지를 연습하고자 하는 마음으로 기획한 작업이었다.

장애가 있는 여성 배우들이 지하철, 거리,

공중화장실, 공원에서 실제로 겪은 적 있는 상황을 관객에게 제시하고, 관객들이 "저건 아닌데" "이렇게 하면 되지 않을까"하는 순간에 직접 상황을 중단시키고 무대에 가담하여 상황의 흐름을 바꾸는 역할을 하는 '토론연극' 형식이었다.

창작팀은 공연을 준비하며 자신이 공공장소에서, 학교에서, 연애관계에서 나아가서는 자신의 가정에서 장애여성이기 때문에 겪어야 했던 너무도 다양한 차별의 경험을 공유했다. 또한, 나를 포함한 비장애인 창작자들은 장애가 있는 창작자와 시간과 공간을 공유할 때 생기는 다양한 상황에서 관객에 앞서 차별하지 않기 위한 연습, 공존하는 연습을 했다.

연극연습 프로젝트와는 다른 기획인 플랜Q 프로젝트로 지속하고 있는 성인 발달장애인과 함께 하는 연극 만들기 프로젝트인 <내 얘기 좀 들어봐>(공동창작, 2021~현재)

시리즈는 자기발화가 어렵다고 쉽게 판단되는 이들이 자신의 이야기를 할 수 있는 환경과 방식을 고민하여 이야기를 이끌어냄으로써 발달장애인들의 일상과 삶을, 그리고 그 안에 속속들이 자리하고 있는 다양한 배리어를 함께 생각해 보고자 하는 기획이다.

첫 시리즈는 2년에 걸쳐 발달장애 리서치, 연극놀이 워크숍, 연극관람 워크숍 등에 참여한 다양한 발달장애인들 중 몇 명과 함께 연극 만들기 워크숍을 통해 만들어졌고, 이후의 시리즈도 공연을 만들기 위한 과정을 기획하기보다는 연극을 활용한 과정을 통해 성인 발달장애인들이 자기표현과 자기발화를 할 수 있는 기회를 늘려가고 있다.

*

이렇게 공연을 만드는 기획자로서 나는 다양한 소수자성을 가진 존재들이 무대 위에서 스스로 자기 이야기를 관객에게 전하는 작품을 주로 만들고 있다. 소수자성을 가진 사람들을 드러내고 그들의 목소리를 전하는 통로를 만드는 것이 내가 예술을 하는 이유이자, 그들을 지지하고 연대하는 방식이다.

지금까지 함께했던 협업자들 중에는
공통의 당사자성을 가지고 있는 사람이 있는가
하면, 그렇지 않은 경우도 있다. 비당사자로서
당사자에게 다가갈 때 어떻게 하는지를 묻는
질문을 종종 받는다. 나의 방식은, 뻔하게도
시간을 들이는 것밖에 없다. 지식이나 정보만
가지고 당사자를 만나지 않기 위해 할 수 있는
최선의, 유일한, 내가 할 수 있는 방식이라고
믿는다.

연내에 공연을 만들겠다는 구체적인 계획을 가지고 누군가를 새롭게 만나 일 년 안에 관계를 만들고 상대방의 삶을 이해하고 공연을 만드는 일은, 나에게는, 불가능하다. 공연(=예술)이라는 목적성을 가급적 버리고 나의 삶을 살다가
어떤 계기로 존재가 궁금해진 사람들을, 우선은

사전이 아닌 책이나 영화를 통해 알아가고, 몸을 부딪치며 일상을 공유하고, 때로는 필요한 자격증을 따기도 하고, 어떤 경우엔 함께 (예술과 상관없는) 일을 하고, 다른 프로젝트에서 만나기도 하는 방식으로 접점을 할 수 있는 만큼 늘린다. 그것이 어떤 존재를 알아가는 방식이라고 생각한다. 그 존재를 조금이나마 이해할 수 있을 때, 상대 역시 나라는 존재를 받아들이고, 예술이든 어떤 것이든 함께할 의향이 어느 정도 만들어졌을 때, 그제야, 그럼에도 불구하고 대단히 쑥스럽게 '예술'이라는 제안을 던져보는 것이다.

나는 예술을 통해 무엇을 하고 싶은지에 대해서라면 나 개인의 바람을 이야기할 수는 있을지언정(읽으신 바와 같습니다!), 여전히 어디부터 어디까지가 예술인지, 예술로 무엇을 할 수 있는지에 대해서는 잘 모르겠다. 나의 예술작업에 연루되는 사람들, 예술이 업이 아닌 그 사람들에게 '예술' 그 자체는 의미가 없을지 모른다.

하지만, 내가 그 존재를 만나기 위해 여러 경험을 하고 공부를 하고 질문을 발견하며 삶을 연습하듯이 그 예술을 향해 가는 '과정' 안에서 협업자들 역시 삶을 관통하는 어떤 경험을 하거나 의미를 발견했으면 하는 바람을 가지고 있다. 그건 때로는 방송용 카메라나 기자의 펜을 들고 있지 않은 누군가가 자신의 사소할 수도 있는 이야기에 귀 기울여주는 경험일 수도 있고, 과정에서 만난 누군가와의 평생 가져갈 관계일 수도 있고, 새로운 꿈을 이루는 경험일 수도 있을 것이다. 이런 참여자들의 수행적 과정은 적어도 내가 기획하는 공연 안에 꼭 넣고 싶은 필수 요소 중 하나다. 그것이 어쩌면 예술을 통한 '치유'라고 이야기될 수 있을지도 모르겠다.

*

앞서 소개했던 독백을 한 지 보름이 지나가고

있다. 이미 지나간 일이니 드는 생각일 수도 있지만, '털어놓길' 잘했다,고 지금은 생각한다. 명자 언니의 말 때문이기도 했지만, 술자리에서 친구에게 파편적으로 이야기하던 것보다, 그 독백을 적는 과정, 독백을 읽는 연습을 하던 시간, 누군가의 앞에서 그 글을 읽을 때 내게 느껴졌던 감정, 그 이후 그 모든 것들을 곱씹는 시간을 통해 내 생각이 조금은 차분해지고 정리되었다는 느낌이 들기 때문이다.

그렇다고, 내년부터 어떻게 살아야 할지, 어떻게 예술하는 삶을 유지해 나갈 수 있을지를 깨달았을 리는, 물론, 없다. 누구도 강요하거나 유도하지 않았지만, 그 이야기를 하지 않으면 안 되었던 그때 스스로의 절실함과 막막함의 응어리들을 그래도 내뱉었다는 느낌, 내 마음과 생각이 지금 이런데 어쩌겠어,라는 약간의 배짱, 약한 부분을 들킨 것이 아니라 내 스스로 인정하고 드러냈다는 후련함, 그런 감정에 가깝다. 이런 것을 예술을 통한 '치유'라고 불러도 좋은 것인지 여전히 난 잘 모르겠지만, 쓸모 있었다.

작업은 느슨한 연대를 만드는 과정

김경진

S#1. 흔한 사람

직업을 설명해 달라는 요청을 들을 때마다 항상 애를 먹는다. 일단 나는 인체 모델 일을 하고 있고, 전시를 기획하는 사람이기도 하고, 모임 자체를 기획하는 사람이기도 하고, 젠트리피케이션 현장에서 기획력에 기인해 연대하는 사람이지만 활동가는 아니며, 때때로 몸의 움직임을 기반하는 작업을 하는 사람으로 무대에 오르기도 하고, 그림이나 사진으로 전시를 열기도 하고, 영상을 만들거나 인쇄 디자인을 하기도 한다.

내가 무언가에 소질이나 역량이 풍부해서 이것들을 다 하게 된 것이 아니라 그냥 필요해서, 어쩌다 보니 시작했는데 이게 다 내가 하는 작업의 일부로 기능하게 되었다. 필요한 것들을 평균만큼은 해내는 사람. 적절한 장소에서 적절히 기능하는 사람. 여기까지가 딱 내가 바라는 나의 모습이라고 생각하며 그간을 지냈다. 그렇기 때문에 내가 만드는 것들은 숙련도보다는 태도에 기인한다.

나의 작업은 주로 '어떠한 공통분모를 가진 평범한 사람들'의 모음이다. 사람들을 모아두었을 때 관찰되는 현상들, 기록되는 사건들이 나의 작업이다. 기록은 사진으로 남기도 하고 글로 남기도 하고 다른 무엇이 되기도 한다. 다른 작업자들이 사진을 찍기 위해 사진을 찍고 글을 쓰기 위해 글을 쓰지만, 나는 모임을 강화하는 하나의 매개를 제시하고 그 매개에 기인하여 사람들이 적극성을 가지고 행동하게끔 하기 위해, 사건이 일어나게끔 하기 위해 때에 적절한 매체를 선택할 뿐이다. 나의 작업 안에서는 사진도, 글도, 그림도, 전시도, 몸짓도, 사람들의 모임에 어떤 성격을 부여하고자 선택될 뿐 그 자체로 목적을 가지지는 않는다.

어떤 이는 나의 작업을 보고 '특수성이 부각된 사회적 아카이브'라고 부르기도 하고, '커뮤니티아트'라고 부르기도 한다. 어떤 이들은 나를 편하게 예술가로 부르기도 하고, 또 다른 이들은 편하게 나를 기획자라고 부르기도 한다. 내가 사람들을 모아 무엇을 만들고 영향력을 만들고자 할 때, 모인 사람들이나 결과물을 만난 사람들이 나의 작업에 어떤 이름을 붙이는지에는 별로 관심이 없다. 예술이건 모임이건 사건이건, 혹은 또 다른 이름이 붙어도 좋다. 중요한 것은 내가 만드는 평범한 이들의 모임이 유의미를 낳는 것이다.

내가 몇 개의 카테고라이징으로 평범한 사람들을 불러 모아 그들을 나의 앞에 세우는 이유는 발표되지 않는 것들의 귀함을 증명하기 위함이다. 도처에 있는 사소한 것들의 위대함을 발견하고 그것을 내어놓는 과정이 나에게 귀하기 때문이다. 내가 가진 것은 이러한 마음의 힘일 뿐이므로, 이 마음을 실행하는 계기 또한 지극히 개인적이므로 나는 스스로를 예술가로 설명하지 않고 작업한다. 내가 하는 모든 것은 다른 이들 또한 한 걸음만 더 내디디면 할 수 있는 것이다.

사람이 사람을 만나기 위해 많은 매체들 중 때마다 하나를 선택해 실행할 뿐이니까 편의상 나를 다원작업자라고 소개하면 되겠다.

나는 도처에서 흔하게 발견되는 사람들 중 하나이며, 사람들과 살며 작업한다. 그뿐이다.

S#2. 여자들 몸 모으기

나는 2018년에 '여자들 몸 모으기'라는 가제로 하나의 프로젝트를 기획해서 실행했다. 여자들 몸 모으기의 최종적인 이름은 <일시적 여성 집단 예술 행동, 릴리스.>가 되었다. '어때, 발칙하지. 우리야말로 낙원을 거부하고 낙인을 두려워하지 않는 쌍년들이야.' 좀 이런 어투로도 말을 해보고 싶어서 낙원에서 쫓겨난 첫 번째 여자, 릴리스의 이름을 프로젝트에 넣었던 기억이 난다. 프로젝트명이 조금 기니까 이하로는 그냥 '릴리스'나 '릴리스 프로젝트'라고 하겠다.

릴리스는 한 번의 프로젝트로 기획되고 600여 장의 사진을 결과물로 낳았다. 그리고 그 사진들이 각 각 다른 맥락을 담은 세 개의 전시를 낳았다. 맥락성과 발표의 순서대로 〈연결: Connection〉, 〈전쟁은 여자의 얼굴을 하지 않았다〉, 〈자립: Self Standing〉이라는 세 개의 이름을 지었다.

나와 같은 분모의 아픔을 공유하는 여성들의 몸을 만나겠다는 의지는, 여성으로서 이곳에 살아내는 개인에게 있어 어쩌면 당연한 욕구였다. 사회적으로, 건강하기보다는 아름답기를 강요당하는 몸. 흰 살결, 크고 부드러운 가슴, 탄탄하지만 가는 허벅지로만 해부되고 그렇게만 호명되어 왔던 우리의 몸. 릴리스는 이러한 강요를 거절하고, '나'의 결정으로 '나의 몸'을 드러냄으로써 나의 몸을 긍정하는 한편으로 타인의 몸 또한 대상화와 재단의 시선이 아니라 애정의 시선으로 관찰 기록하기를 함께 시도한 프로젝트였다. 스스로를 작업자나 예술가로 호명하지 않는 여성들이 맨몸으로 각자가 사용할 카메라를 들고 모여서, 서로의 몸을 있는 그대로 바라보고 기록을 남겼다.

프로젝트를 생각하는 과정은 우연을 기획하는 과정이었고, 사진작업보다는 가설로 그려놓은 연대의 모습을 현실에 증명하는 과정에 가까웠다. 잘 나온 사진보다 참여자들이 가져갈 모임과 관찰, 긍정의 경험이 더 중요하게 생각하겠다고 판단하고 나자 좋은 사진은 참여자들이 자발적으로 만들어주었다.

나는 참여자들이 스스로 태도를 만들 수 있도록 돕는 역할을 했다. 서로를 바라보는 눈이 평가가 아니게 할 것, 서로에게 애정을 보내게 할 것, 그 애정에 기인해 카메라를 들게 할 것, 예술 행동에 대한 마음가짐을 스스로 만들게 할 것, 타인의 몸을 보기 전에 본인의 몸을 먼저 긍정하게—긍정해 보려는 마음을 가지게—할 것. 그러기 위해서 공간은 둘로 나누었다. 참여자들이 함께 공유하는 공유지, 개별의 준비와 응시를 위한 이름 없는 방으로.

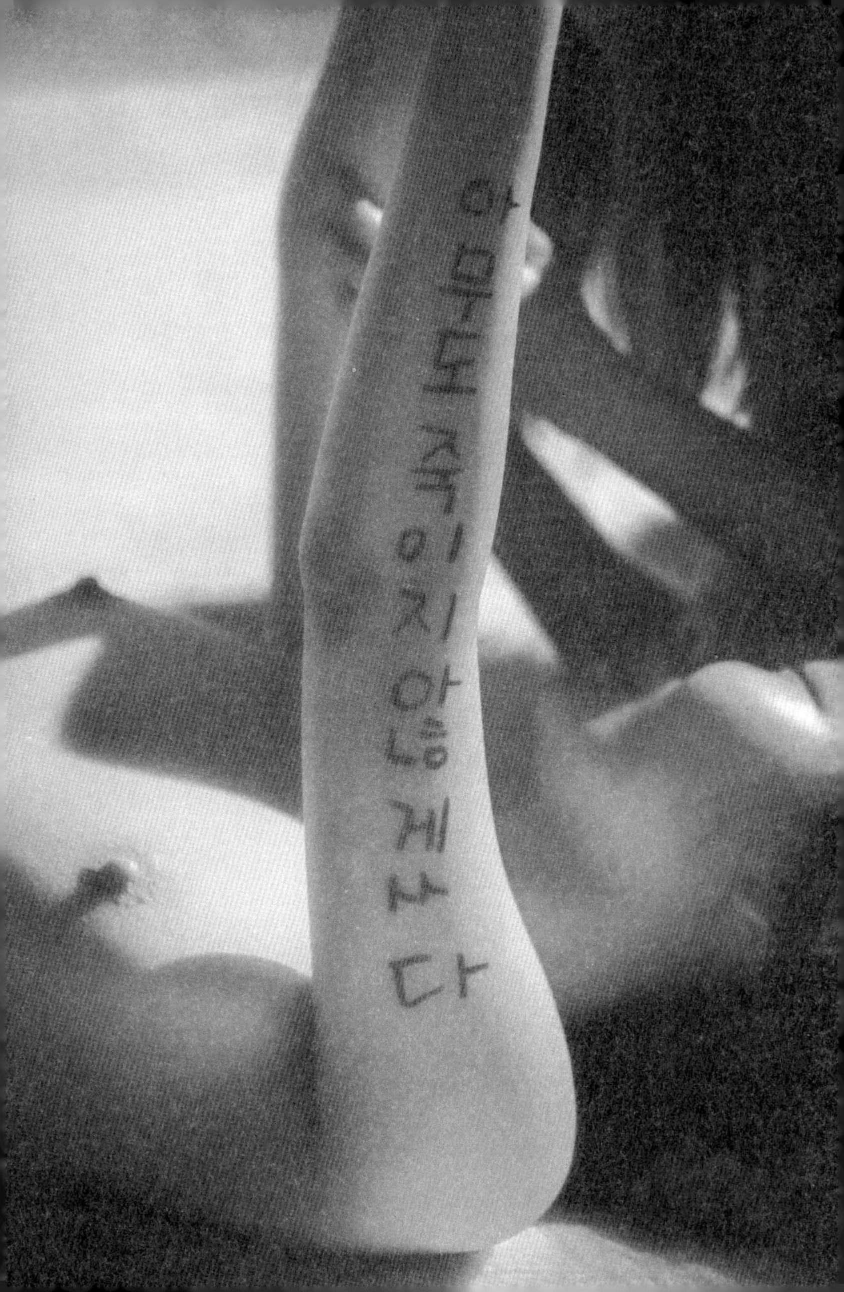

서로를 신뢰하게 하고, 그 신뢰와 애정에 기인해 카메라를 드는 마음가짐은 공유지에서의 시간으로 준비되었지만 스스로의 몸을 카메라 앞에 세울 준비, 스스로의 몸을 바라보고 응시할 준비는 보다 개인적으로 이루어졌다. 참여자들은 공유지에서 시간을 보내다가 마음이 허락할 때, 언제든지 혼자서 이름 없는 방에 가 원하는 만큼 시간을 보낼 수 있었다.

이름 없는 방은 낮은 조도, 공유지보다 따뜻한 온도, 맨발로 밟고 서거나 앉거나 누울 수 있는 부드럽고 깨끗한 바닥, 음악, 전신거울, 설치된 카메라, 카메라와 연동된 무선 리모컨, 수첩과 연필, 방에 대한 간략한 안내 책자로 준비되었다. 방에 무엇이 있는지나 방에서 어떤 일이 있었는지는 서로 언급하지 않는다는 규칙을 제시했고, 참여자들은 잘 따라와 주었다. 프로젝트를 기획한 나도 그 방에서 참여자들이 어떤 체험을 하고 무엇을 응시해 내었는지는 잘 모른다. 참여자들은 경험의 일부를 사진과 짧은 글로 남겨주었으나, 그것은 그들이 남겨준 만큼일 뿐이다.

참여자들은 그렇게 하룻밤을 보내고, 각자 준비해 온 카메라와 아이라이너를 들고 촬영장으로 향했다. 아이라이너는 꾸밈의 도구, 얼굴-몸이 가진 본질을 숨기는 도구이지만 릴리스 프로젝트에서는 서로의 몸에 닿고, 메시지를 적기 위한 연대의 도구로 활용되었다. 참여자들은 아이라이너로 서로의 몸에 메시지를 적어주고, 알몸으로 뛰어오르고, 서로의 몸을 안아주고, 춤을 추고, 앉거나 누워서 놀았다. 그러한 모습들이 모두의 손에 들린 각자의 카메라를 통해 사진으로 기록되었다. 누구도 부끄러워하거나 숨기지 않았고, 서로에게 닿는 것에 주저하지 않았다.

프로젝트 후에 세 개의 전시를 만들 때도 이름 없는 방은 형태를 조금씩 바꾸며 계속해서

열렸다. 사람들은 거울을 통해 자신을 바라보고, 참여자들이 남겨준 기록 뒤에 자신의 기록을 덧붙이고, 참여자들이 자발적으로 기록한 사건들의 사이를 거닐다가 내가 마련한 식탁에 앉아 커피를 마시며 일종의 따뜻한 소감과 격려를 남겨주고 떠났다. 내가 보여주고 싶던 연대하는 모습, 무해하면서도 강한 모습, 스스로 자신의 몸을 공개하고 사건을 집행하겠다는 의지가 담긴 자립의 모습을 모두 보여주고 나서야 릴리스 프로젝트는 완결되었다.

도처에 있는 평범한 사람들의 곁에 나 또한 도처의 사람인 모습으로 살기 위해서, 계속 사람들을 모으고 관계하는 작업자로 살아야겠다는 마음은 릴리스 프로젝트를 진행하면서 한층 강화되었다. 느슨한 연대를 만드는 작업의 태도가 직업적으로 실천될 수 있는지 확인하기 위해 지금도 작업들로 밥벌이를 한다. 내가 사람들을 모으는 곳은 광장이기도 하고 스튜디오이기도 하고 공연장이기도 하고 전시장이기도 하고 무대이기도 하다. 각기 다른 모습이지만 하나의 결론으로 수렴한다. 사소한 것들의 위대한 발견.

S#3. 상相 여자전傳

한자 서로 상(相) 자를 쓰는 '상 여자전'을 기획할 때, 나는 사실 서로 상 자가 아니라 윗 상(上) 자를 쓰고 싶었다. 다층적으로 이루어지지 않고 분야에 따라, 혹은 연령대에 따라서만 성립되고 있는 것으로 보이는 여성 창작자들의 연대성을 확장해 보겠다는 말로 일련의 설득성을 가져가면서도 연령이나 분야, 완숙도를 따지지 않고 서로를 높이며 함께 높아지는 여성 창작자들의 모임이라는 의미를 강화하고 싶어서였다. 2022년 4월부터 SNS를 통해 이러한 모음을 준비하고 있다는 사실을 간간히 언급하며 '상 여자전'에 참여할 여자들을 모았다.

장르 불문, 경력 불문, 포트폴리오 보지 않음. 좋게 말하면 파격적이고 나쁘게 말하면 느슨한 기준 때문에 누군가는 이것을 좋은 의도라는 탈을 쓴 아마추어리즘의 한계라고 말하기도 하고 치기로만 시작하는 기획이라는 말도 들었지만, 스스로는 어떤 사람들이 모여 함께하건 좋은 모습으로 전시를 만들 자신이 있었다. 모임의 속성을 강화하는 기획은 어떤 사람들이 모이냐에 따라 다른 모습이 된다는 것을 이미 겪었기 때문인지도 모르고, 그냥 치기 어린 마음으로 시작했던 것인데 의외로 결과가 좋았던 것일 수도 있다.

총원 열일곱 명, 20대부터 60대까지의 여성 창작자들이 모였다. 각기 글, 사진, 조형, 회화, 공예 등의 분야에서 활동을 이미 하고 있는 기성 작가들도 있었고 아닌 사람도 있었다. 첫 사전 모임 때 우리는 그냥 '여성 창작자'라는 이름으로 수평적으로 모였다는 이야기를 나누었고, 각자의 역할과 작업에 대해 소개하고, 함께 손을 맞잡고 바닥에 엎드려 포스터용 사진을 촬영했다. 내가 촬영용 카메라를 가져가서 다 같이 손을 모아 꽃 모양을 만들어 달라는 식으로 부탁하면 '상여자전'에 참여하는 여성 창작자들이 그 부탁을 수용해 주는 방식으로 촬영을 진행했다.

다들 몸을 쓰는 데에 익숙하지 않아 힘들어 하면서도 끙끙거리며 서로의 움직임에 자신의 움직임을 맞추어보려 애쓰며 땀을 뻘뻘 흘리는 모습들을 보고서야 내 마음속의 '윗 상' 자가 '서로 상' 자가 되었다. 이후 전시의 디스플레이도, 조명 설치도, 전시를 찾아주는 손님들을 맞이하고 철수하면서도 대부분의 작가들이 자발적으로 함께하며, '상 여자전'은 한 명의 창작자도 낙오시키지 않고 풍요롭게 채워졌다. 참여 의사를 밝힌 모두가 작품을 냈고 같은 장소에서 손님을 맞았다.

'상 여자전'을 진행하며 인상적이었던 것은 전시의 형태보다 40~60대 기혼여성 창작자들이 전시를 사용하는 방식에 있었다. 누군가는 전시장소 자체를 돌봄과 살림이라는 기혼여성의 의무에서 잠시 벗어나 친구들을 만나는 장소로 활용하기도 했고, 누군가는 투병으로 단절된 작가 경력을 다시 시작하는 장소로 활용하기도 했다.

보다 연령대가 낮은 창작자들 또한 기성작가 언니들과 교류하는 기회로 전시를 활용하는 모습을 보니 이런 느슨하고 목적 없어 보이는 모임을 더 많이 만들고 싶다는 생각을 하게 되었다.

누군가에게 잠깐의 도피처가 될 장소를 만드는 것, 누군가의 끊어진 길을 잇기 위한 매개가 되는 것, 또 다른 누군가에게는 앞날에 도움이 되는 기회가 되는 것. 이러한 기회의 주고받음이 상호적으로, 동시다발적으로 일어나는 것을 지켜보는 것은 그 자체로도 기획을 할 수 있는 이의 기쁨이다. 스스로에게는 내가 하고 싶으며 할 수 있는 방식으로 누군가에게 기여하는 한편으로, 느슨한 모임을 만드는 것이 선의를 앞세우면서도 직업적인 활동이 될 수 있는지를 확인해 보는 계기가 되는 전시였다.

나와 같은 분모의 아픔을 공유하는 여성들의 몸을 만나겠다는 의지는, 여성으로서 이곳에 살아내는 개인에게 있어 어쩌면 당연한 욕구였다. 사회적으로, 건강하기보다는 아름답기를 강요당하는 몸. 흰 살결, 크고 부드러운 가슴, 탄탄하지만 가는 허벅지로만 해부되고 그렇게만 호명되어 왔던 우리의 몸. 릴리스는 이러한 강요를 거절하고, '나'의 결정으로 '나의 몸'을 드러냄으로써 나의 몸을 긍정하는 한편으로 타인의 몸 또한 대상화와 재단의 시선이 아니라 애정의 시선으로 관찰 기록하기를 함께 시도한 프로젝트였다. 스스로를 작업자나 예술가로 호명하지 않는 여성들이 맨몸으로 각자가 사용할 카메라를 들고 모여서, 서로의 몸을 있는 그대로 바라보고 기록을 남겼다.

S#4. 자선활동가 아니에요

이런 모임 만들기가 작업의 성격을 가지면서도 직업적인 활동이 될 수 있는지를 그간 잘 확인했냐고 물어본다면, 공이 많이 들기는 하지만 어떻게 해도 적자는 나지 않았다고 대답한다. 그간 적자 내지 않으며 잘해 왔으니 앞으로는 더 잘해서 더 벌 수 있지 않을까? 그러니까 이건 자선이 아니라 직업이 될 수 있다고, 스스로는 그렇게 여긴다.

이런 작업들이 모여 나를 어디로 데려가고 있는지 나는 아직 모른다. 나는 어디에 소속되어 있지도 않고, 역으로 어딘가에 소속되지 않기 위해서 더 많은 사람들을 만나고 있다. 어딘가에 소속되지 않은 채로 이런 작업을 하는 것이 안정적이지 못해 보일 수도 있지만, 어딘가에 소속되어 있지 않기 때문에 끊임없이 만나게 되는 새로운 관계들과 강화되는 관계들이 있음을 체감하며 사는 나날이다.

나에게 으리으리한 소속이나 경력 같은 패가

없는데도 내 앞에 모여주는 사람들은 어쨌건 나의 편이 되어 주겠다고 결심하는 사람들뿐이다. 덕분에 나의 세계는 평균보다 좀 더 온도가 높고, 어쩌면 나는 이런 관계들 안에 나의 불안함을 묶어놓기 위해 자꾸만 사람들을 모으고 싶어지는지도 모르겠다.

이 글로 충분히 설명하지 못한 모음의 기쁨과 흔한 사람들의 위대한 서사, 그것을 포착해내는 다원 작업자로서의 고민은 앞으로도 계속 작업을 이어나가며 풀어야겠다는 생각을 하며 글을 마친다. 어쩌면 이러한 활동을 이해하는 데에 필요한 것은 긴 글이 아니라 모임의 경험이다. 이 글은 언젠가 당신도 만나러 가겠다는 기다란 자기소개서일지도 모른다.

저자 소개

이선화(자청)

순이 씨와 철이 씨가 지어준 이름 하나, 스스로 지은 이름 3개로 살아가는 예술노동자이다. 목소리를 가다듬고 사회와 싸워나가는 몸과 이야기에 기울어진 채로 시각예술과 활동의 경계에서 흔들리며 산다. 노뉴워크(No New Work), 안녕독구말 외에 의미 있고 즐거운 제안들에 결합하여 작업하고 있다.

마민지(마밍)

다큐멘터리의 수행적 실천이 무엇인지 고민하며 두 번째 장편영화 〈착지연습〉을 만들고 있다. 영화관 밖에서는 예술의 공공성과 사회적 가치를 모색하는 공동창작 프로젝트에 참여하며 리서치 기반 작업에 결합하고 있다. 다큐멘터리 〈버블 패밀리〉를 만들었고 연극 〈연극연습2. 연기연습 – 배우는 사람〉, 연극 〈내 얘기 좀 들어봐〉 등에 공동창작 및 영상으로 참여했다.

천샘(나무늘보)

천샘은 '예술가 시민'이라는 표현에 주목한다. 그리고 이를 본인의 정체성으로 삼고자 한다.

시민의식을 장착한 여성 예술가로서의 역할과 이를 바탕으로 발화하는, '발언으로서의 작품'이 지닌 예술의 역할을 믿는다. 현재 우리가 사는 세상에서 '주체'가 아닌 '배경'으로 여겨진 이들, 즉 여성, 지구, 동물을 주제로 한 움직임보고서인 리서치-공연 3부작 시리즈 '세상의 배경'을 진행 중이며, 대표작으로는 <슬픔 속으로>(2015), <전사의 땅>(2020), <오늘의 날씨>(2022)가 있다.'움직임은 우리 사회에 어떤 질문을 던질 수 있는가'라는 질문을 바탕으로 작업하고 있다.

김하람(라무)

기독교학과 현대무용을 전공하고 신체와 깊은 연관이 있는 마음에 관심이 생겨 무용·동작심리치료를 공부하였다. 현재 오후의 예술공방에서 무용수로 활동하고 있으며 아동청소년을 대상으로 무용·동작심리치료를 진행하고 있다.

탁수정(탁)

2014년 모 대형출판사의 성폭력 피해 공론화 이후 직장을 비롯한 모든 위계가 존재하는 공동체에 적응하지 못하는 후유증을 얻게 되었다. #○○계_내_성폭력 해시태그 운동, 출판계 내 노동운동, 미투 운동 등 여성운동과 노동운동에 소소하게 손을 보태어 왔으며 성폭력생존자의 재사회화 문제에 꾸준히 관심을 가지며 연대방법을 모색한다. 2018년 『내 꿈은 자연사』를 출간했다.

서경선(늘)

서경선은 여자이지만 여자로서 살지 않고 나이 들고 있지만 정정하지도 않으며 인간의 시작과 끝을 자연과 맺는 관계로 이해하고 의미를 해석하고자 하는 무용가이다.

정수빈(구구)

이것저것 만들고 그리는 것이 좋아서 지금까지 쭉 해 오고 있다. 비둘기에 유독 관심이 많다.

양보름

2011년에 반성폭력운동을 시작한 전주 청년. 페미니즘이 기준이 되는 그날을 꿈꾸며 현재 전주성폭력상담소에서 활동 중이다.

송진희

2011년부터 영상, 설치, 아카이브를 기반으로 사회가 음소거하는 목소리를 수집하고 전달하는 미술 작업을 해 왔다. 2016년 #○○계_내_성폭력 해시태그 운동에 영향을 받아서 부산문화예술계를 중심으로 반성폭력 활동을 시작하며 예술인 활동가이자 기획자로 출판, 전시 기획, 성평등 교육 등의 활동을 이어나가고 있다.

햄

프리랜서 배우로 활동하고 있다. 온라인 공연 〈재난 이후의 사서함: 분실된 8720에 대하여〉, 연극 〈생활풍경〉 등에서 공동창작자 및 배우로 참여했으며 앞으로 '더 이야기되어야 할 것들'에 집중하며 활동을 이어나갈 예정이다.

이슬비

1970년생. 아동기 성폭력 피해 이후 죽음의 사선을 넘나들다가, 10년간 영성수련, 명상, 절수련 등의 영적 세계 탐구를 통해 마음을 치유하고자 노력했다. 이후 사회에 복귀하여 사회복지학 전공 후 사회복지사로 근무하다가, 현재는 전주대학교 상담심리대학원에 재학 중이다.

이성미

시인. 시집 『너무 오래 머물렀을 때』, 『칠 일이 지나고 오늘』, 『다른 시간, 다른 배열』을 출간했다. #○○계_내_성폭력 해시태그 운동을 계기로 2017년에 결성된 여성문화예술연합에서 예술계 반성폭력 정책과 제도를 만드는 활동을 해 왔고, '예술인권리보장법 입법추진 TF'에서 법 제정운동을 했다.

고주영

공연예술 독립기획자. 연극을 이루는 요소에 변수를 인풋하여 연극의 확장과 새로운 연극의 발생을 시도하는 <연극연습 프로젝트>, '정상'이라는 규범에 지속적으로 질문(Question)을 던지고 그 범주에서 벗어난 이상한(Queer) 존재들의 삶을 응시하고 동행하는 <플랜Q 프로젝트> 등을 기획·제작하고 있다.

연극과 연극 아닌 것, 극장과 극장 아닌 것, 예술과 예술 아닌 것 사이에 있고자 한다.

김경진

먹고 살며 만나게 되는 개인의 고민을 복수의 것으로 확장시키는 데에 관심이 있다. 그래서 사람들을 모으는 작업을 한다.